CONTRE-AMIRAL RÉVEILLÈRE.

# Méditations

# d'un Autarchiste

Honorer Dieu,
Aimer l'humanité,
Agir en brave.
(*Triades.*)

## BERGER-LEVRAULT & Cie, ÉDITEURS

PARIS | NANCY
5, rue des Beaux-Arts | 18, rue des Glacis

1900

# MÉDITATIONS

## D'UN

# AUTARCHISTE

# OUVRAGES DU MÊME AUTEUR

La Conquête de l'Océan. 1 vol. in-12 . . . . . . . . . . . . . . . . 3 50
Un Coup de sonde dans l'Océan des Mystères. 1 vol. in-12. . . . . 2
Tutelle et Autarchie. 1 vol. in-12 . . . . . . . . . . . . . . . . . 2
L'Europe-Unie. 1 vol. in-12 . . . . . . . . . . . . . . . . . . . 2
Croix et Croissant. 1 vol. in-12. . . . . . . . . . . . . . . . . . 2
Recherche d'Idéal. 1 vol. in-12. . . . . . . . . . . . . . . . . . 2
Extension, Expansion. 1 vol. in-12 . . . . . . . . . . . . . . . . 2
Propos d'Autarchiste. 1 vol in-12. . . . . . . . . . . . . . . . . 2
Christianisme et Autarchie. 1 vol. in-12. . . . . . . . . . . . . . 2
Sur le Pont. 1 vol. in-12 . . . . . . . . . . . . . . . . . . . . 2

(BERGER-LEVRAULT ET Cie, *éditeurs*.)

Gaules et Gaulois. 1 vol. in-16 . . . . . . . . . . . . . . . . . 1
Énigmes de la Nature. 1 vol. in-16 . . . . . . . . . . . . . . . 1
A travers l'Inconnaissable. 1 vol. in-16. . . . . . . . . . . . . . 1
Graines au Vent. 1 vol. in-16. . . . . . . . . . . . . . . . . . 1
La Voix des Pierres. 1 vol. in-18. . . . . . . . . . . . . . . . . 1
Germes et Embryons. 1 vol. in-18 . . . . . . . . . . . . . . . . 1
Réflexions diverses. 1 vol. in-18 . . . . . . . . . . . . . . . . . 1
Le Haut-Mékong. 1 vol. in-8o. . . . . . . . . . . . . . . . . . 2
Cochinchine et Cambodge. 1 vol. in-12 . . . . . . . . . . . . . 3 50
Autour du Monde. 1 vol. in-12 . . . . . . . . . . . . . . . . . 3 50
Contre Vent et Marée. 1 vol. in-12. . . . . . . . . . . . . . . . 3 50
Lettres d'un Marin. 1 vol. in-12. . . . . . . . . . . . . . . . . 3 50
Les Trois Caps. 1 vol. in-12 . . . . . . . . . . . . . . . . . . 3 50
En Mer. 1 vol. in-12 . . . . . . . . . . . . . . . . . . . . . 1
Récits et Nouvelles. 1 vol. in-12. . . . . . . . . . . . . . . . . 1
Mers de l'Inde. 1 vol. in-12. . . . . . . . . . . . . . . . . . . 2
Mers de Chine. 1 vol. in-12. . . . . . . . . . . . . . . . . . . 2 50
Un Jour à Monaco. 1 vol. in-18. . . . . . . . . . . . . . . . . 1
A Barcelone. 1 vol. in-18. . . . . . . . . . . . . . . . . . . . 1

(FISCHBACHER, *éditeur*.)

CONTRE-AMIRAL RÉVEILLÈRE

# Méditations d'un Autarchiste

Honorer Dieu,
Aimer l'humanité,
Agir en brave.
(*Triades.*)

## BERGER-LEVRAULT & Cie, ÉDITEURS

| PARIS | NANCY |
|-------|-------|
| 5, rue des Beaux-Arts | 18, rue des Glacis |

1900

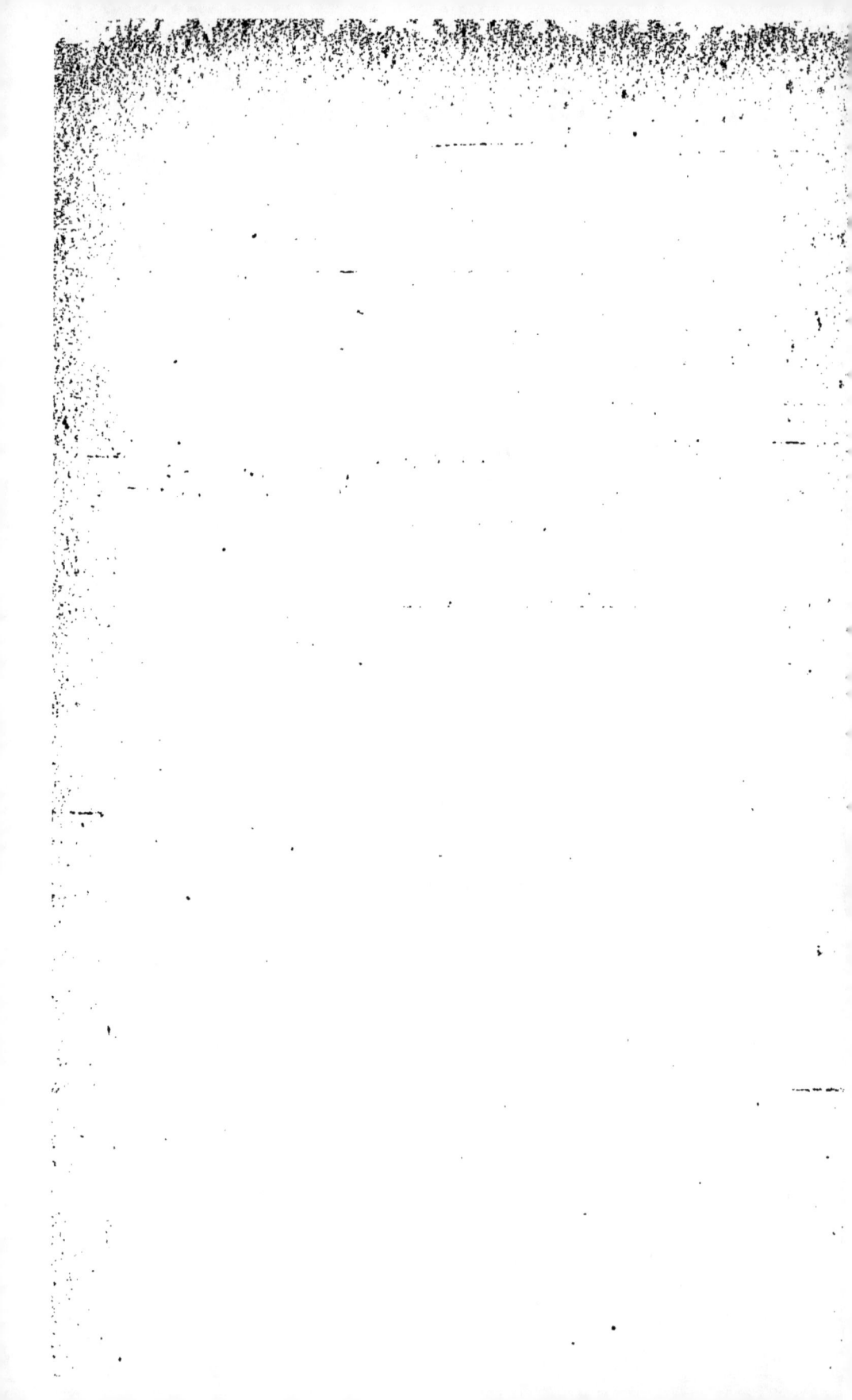

# HOMMAGE

## A MON TRÈS HONORÉ CONFRÈRE

### Le Comte DE RENESSE
Le vaillant défenseur de l'autarchie belge

Contre-Amiral RÉVEILLÈRE

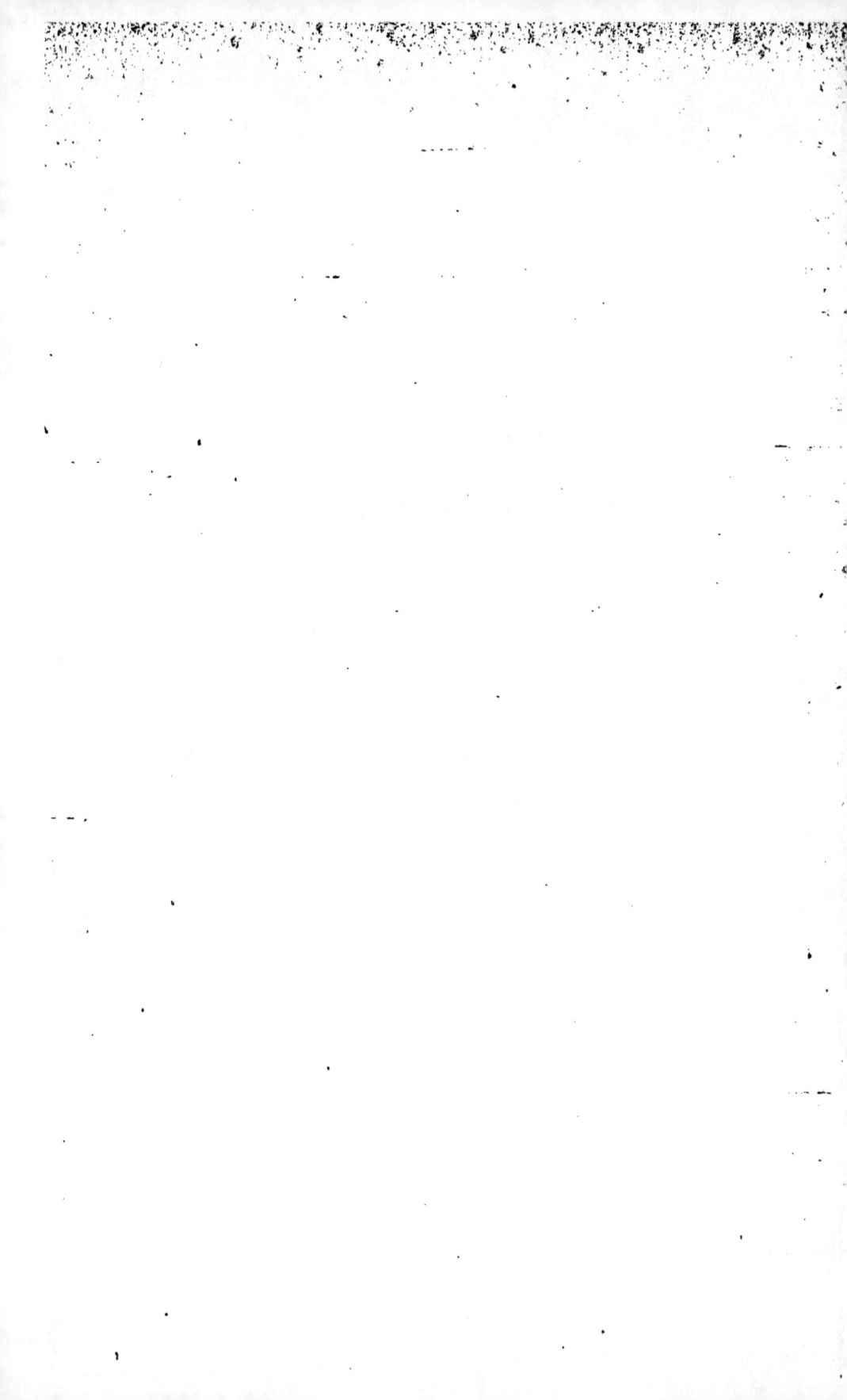

# PRÉFACE

Nous ne comprenons pas le but de notre existence, parce que nous ne comprenons pas le but de
cet univers auquel elle est liée — et nous ne pouvons connaître le but du Tout, parce que nous ne
connaissons (et combien nous le connaissons peu!)
qu'un point imperceptible de l'espace.

L'astronomie nous dévoile un univers infini, mais
dans cet univers infini nous ne pouvons percevoir
quelque peu que les formes et les mouvements de la
matière, — toute manifestation de la vie et de la
pensée nous échappe en dehors de l'atome sur lequel nous végétons.

En nous autorisant à étendre à l'univers les lois
physiques qui régissent les phénomènes terrestres,
l'astronomie nous invite à transporter la même
universalité de lois dans le règne de la vie et de la
pensée.

La physique établit la solidarité matérielle de tous
les mondes.

Un monde isolé ne pourrait exister. Ainsi: sans
le rayonnement des innombrables soleils de l'espace,
la température du milieu céleste tomberait au zéro

absolu et, dans ce milieu dépourvu de toute chaleur, la chaleur solaire se dissiperait aussitôt et notre soleil s'évanouirait.

Chaque monde est un foyer d'ondulations et de vibrations qui contribue à entretenir les ondulations et les vibrations de l'éther dans l'espace — comme les mouvements vibratoires de ce milieu, en mettant en jeu dans chaque monde les propriétés de la matière, sont nécessaires aux manifestations de la vie et de la pensée.

L'éther est l'océan dans lequel baignent les mondes, il est aussi nécessaire à leur existence que la mer à l'existence des êtres marins.

Il est à la fois le réservoir commun d'énergie et le lien physique qui unit les univers.

La physique moderne ne peut comprendre un monde isolé.

La solidarité physique des diverses parties de l'univers nous conduit à la croyance à une solidarité universelle des êtres individuels, nécessaires aux manifestations de la vie et de la pensée universelle.

La solidarité semble être la loi suprême.

Et pour notre intelligence bornée, Dieu est, dans le royaume de la pensée, ce qu'est l'éther dans le Grand Tout matériel.

Contre-Amiral RÉVEILLÈRE.

# MÉDITATIONS

D'UN

# AUTARCHISTE

———◇———

## I

Il est des âmes où la foi a pris tant de place qu'il
n'en reste plus pour le cœur ni la raison.

\*
\* \*

Le vieillard qui ne sait pas être indulgent a fait
de la vie une expérience inutile.

\*
\* \*

Il est si difficile d'être juste que la prudence com-
mande d'être indulgent.

\*
\* \*

L'idéal est l'union de la vertu et de la bonté;
mais mieux vaut encore la bonté sans vertu que la
vertu sans bonté.

\*
\* \*

On égratignait le prochain (ou plutôt la pro-
chaine) devant une douairière dont la vie n'avait
pas un instant cessé d'être exemplaire; j'ai pieuse-
ment recueilli son observation toute parfumée de
l'esprit de l'Évangile :

« Dieu seul sait ce qu'il lui a donné, Dieu seul
sait ce qu'il peut lui demander. »

\*
\* \*

Dédaigner est le moyen de ne pas comprendre.

\*
\* \*

Ne pas compter avec la bêtise humaine, c'est
écarter les atouts de son jeu.

\*
\* \*

Les idées s'usent comme les choses.

\*
\* \*

Il est plus facile de transporter une montagne que
de détruire un préjugé.

\*
\* \*

Nous avons tout reçu de l'humanité, vivons de
manière à lui laisser quelque chose en mourant,

sinon notre mort sera une banqueroute frauduleuse.

*
* *

Je ne partage en rien les opinions du communiste mystique Campanella, mais je l'admire. Après avoir subi pour sa foi la question ordinaire et extraordinaire, cet indomptable croyant, enfermé vingt-sept ans dans un cachot, remercie Dieu « de l'enlever aux distractions mondaines ».

*
* *

Qu'importe que le vent balaie notre poussière, et quelle singulière préoccupation est la nôtre de laisser, après soi, une pierre avec l'inscription d'un nom qui ne dira rien à personne ! Comme si le souvenir du peu de bien que nous avons fait, si fugitif qu'il soit, n'était pas préférable à tous les monuments !

*
* *

L'instruction moralise, je le crois — plus sûrement elle perfectionne le crime ; le crime progresse comme tout le reste. Toute proportion gardée, il y a plus de notaires et de banquiers au bagne que d'ouvriers. Qui fait réellement le plus de mal, quel est le plus coupable d'un notaire ou d'un banquier, qui ruine des milliers de familles, ou de ces brutes

féroces qui soulèvent l'horreur et donnent le fris-
son ? C'est à savoir.

\*
\* \*

La nature a fait l'homme le plus désarmé des animaux ; il ne peut combattre comme le tigre, ni fuir
comme la gazelle. Isolé, il ne parlerait pas plus
qu'un perroquet, et sa pensée ne dépasserait pas
celle du singe qui cherche des fruits dans la forêt.
Il ne serait rien sans l'humanité : l'humanité est le
rédempteur qui le rachète lentement de l'animalité.

\*
\* \*

On a dit fort justement : « L'âme de l'enfant est
une page blanche » ; c'est l'éducation de la mère,
plus que toute autre, qui fait l'homme.

\*
\* \*

Si l'égoïsme est un sentiment animal très infé-
rieur, l'amour de soi (qui ne va pas sans le respect) est un sentiment très noble. L'amour de soi
nous porte à cultiver notre personne : on veut em-
bellir ce qu'on aime ; or, on ne peut cultiver sa
personne sans être utile à autrui et, peu à peu, on
arrive à se convaincre que le meilleur moyen de
s'aimer soi-même est de se faire aimer d'autrui.

\*
\* \*

Il est indiscutable que la raison et la liberté sont la cause majeure de nos maux.

Supprimons la raison, dit l'Église.

Supprimons la liberté, dit le socialisme.

Malheureusement, supprimer la raison et la liberté, c'est supprimer l'homme.

\*
\* \*

La science est la mère du doute et de la souffrance morale — mieux vaut, malgré tout, élargir à la fois le cercle de ses douleurs et l'horizon de ses pensées.

\*
\* \*

Lucrèce, le premier, a proclamé dans des vers sublimes les droits de la raison humaine. En face de la caste théocratique, il a nié les divinités grotesques ou odieuses offertes à l'adoration des peuples. Il a chanté l'hymne de l'esprit affranchi de la terreur religieuse et de la superstition.

\*
\* \*

Il n'y a pas de spectacle plus fructueux que celui des erreurs et des contradictions sans nombre, à travers lesquelles l'homme arrive à découvrir une parcelle de vérité.

\*
\* \*

La raison a pour objet non de nous découvrir d'impénétrables mystères, mais de nous guider dans la conduite de la vie.

*
* *

Dans quelque cent ans, on ne lira pas sans stupéfaction les dissertations de nos aliénistes sur la responsabilité, l'irresponsabilité, la responsabilité limitée de nos aimables assassins, comme si Dieu n'était pas le seul juge de la responsabilité de chacun, comme si quelqu'un, autre que lui, pouvait connaître la cause profonde de nos actions. La société, comme l'a éloquemment démontré Beccaria, n'a pas le droit de se venger, ni qualité pour venger personne, mais elle a le droit de se défendre et le devoir de protéger ses membres.

Si l'auteur du méfait a tenté de se soustraire aux conséquences, par ce fait seul il prouve qu'il avait conscience de mal faire.

La société n'a pas à se demander si l'individu est responsable de ses actes, mais s'il a agi avec discernement. La question ainsi posée est encore souvent assez épineuse.

Si l'auteur d'un crime a agi sans discernement, qu'on l'enferme comme un fou dangereux; s'il a agi avec discernement, qu'on le supprime.

La société n'a pas à faire de la métaphysique,

elle existe pour la protection de l'individu, et n'a pas à s'écarter de ce but.

\*\*\*

Tant que l'on trouvera des hommes assez dégradés pour briguer les fonctions de bourreau, l'humanité en aura encore besoin.

\*\*\*

L'homme est d'abord un produit du clan, il tend de plus en plus à devenir un produit de l'humanité.

\*\*\*

L'homme peut donner à l'énergie (physique) toutes les formes qu'il lui plaît — ainsi, avec de la chaleur, il fait de l'électricité — il ne peut en accroître la quantité ; sans oser l'affirmer, il en est de même, je crois, du bonheur.

J'ai vécu en rapports assez intimes avec les sauvages, je ne crois pas les civilisés plus heureux.

Les anthropophages ont d'ailleurs de fort belles qualités ; pour être anthropophage, on n'en est pas moins un brave homme. — Quand je vois certain journal sur la table d'un salon ou dans des mains élégantes, je me demande avec inquiétude si la férocité humaine a sensiblement baissé depuis le temps où l'on rôtissait ses ennemis pour les manger.

\*\*\*

Les télescopes et les cornues et tout le bric-à-brac scientifique ne combleront jamais le vide du cœur humain. L'homme peut vivre noblement et ignorer la loi des astres ; il végète ou pourrit, s'il méconnaît la loi morale. L'erreur, dans le monde moral, a des conséquences bien autrement graves que dans le monde physique.

Là plus grande personnalité connue, celle qui règne et régnera sur la Terre, tant qu'il y existera un être pensant, et dont nous avons justement fait un Dieu, est celle d'un pauvre artisan bien ignorant.

\*\*\*

Chez les primitifs, la crainte de la mort n'a aucun rapport avec la morale, cette crainte est tout ins-tinctive ; c'est l'instinct de conservation commun à tous les animaux — les primitifs craignent la mort comme la brebis craint le loup. En réalité, ils la fuient plus qu'ils n'en ont peur, car ils l'acceptent fort tranquillement quand elle est inévitable.

\*\*\*

La morale est la science de l'intérêt général et permanent de l'espèce;

La vertu est la coordination de sa propre vie conformément à l'intérêt général;

La science et l'art remplacent le vieux culte de la nature;

La religion est l'amour de l'humanité.

Car il nous est impossible de comprendre Dieu autrement que par ses manifestations : la nature et l'humanité.

*<br>* *

L'homme est nécessairement dépendant et le fond de sa nature est l'indépendance.

L'indépendance est son idéal.

L'homme dépend de la nature et de son semblable. De là ses longs efforts vers l'affranchissement politique et l'affranchissement de l'oppression de la nature.

La révolution de 89 a été l'affranchissement politique.

La science poursuit l'affranchissement de l'homme de l'oppression de la nature, en lui découvrant chaque jour un moyen de la dompter et de l'utiliser.

La science nous affranchit encore intellectuellement.

L'affranchissement du joug de la brute originaire, qui fait le fond de notre nature, est le plus difficile de tous à obtenir, c'est l'affranchissement moral.

L'affranchissement moral est le but de la religion et de la morale.

Le mot *liberté* répondait assez bien à l'idéal de 89; il ne répond plus à l'idéal nouveau (qui suppose la réalisation de l'ancien), idéal beaucoup plus complexe et qu'exprime assez bien le mot *autarchie*.—

\*\*\*

La morale est une science comme une autre, elle est la moins avancée de toutes, parce qu'elle a été fondé la dernière, et aussi parce qu'elle est la plus compliquée. Elle repose sur le solide trépied de l'expérience, de l'observation et de la logique. La morale, prolongement de l'économie politique et de l'histoire, compte la statistique parmi ses principaux éléments. Elle étudie l'homme à toutes les époques et la société sous toutes ses formes. Quand là, comme ailleurs, nous avons constaté le même ordre de faits conduisant aux mêmes conséquences, nous avons découvert une loi morale. La morale a pour objet l'intérêt général et permanent de l'espèce. Quand un acte ou une disposition sociale sont conformes à l'intérêt général, ils sont moraux; ils sont immoraux, quand ils sont contraires à l'intérêt général.

\*\*\*

Le développement de la conscience et de son rôle dans la direction de la conduite de l'individu est la vraie mesure du degré de civilisation.

\*
\* \*

La morale est sans doute objectivement absolue, mais, comme toutes les sciences, elle n'émerge que lentement des ténèbres initiales.

\*
\* \*

Quand j'ai déterminé une loi morale par l'observation des faits et constaté sa conformité avec l'intérêt général et permanent de notre espèce, elle me paraît plus sûrement l'expression de la Volonté suprême que si elle avait été promulguée sur le Sinaï.

\*
\* \*

Si nous examinons l'homme à l'état le plus accentué de la sauvagerie, nous trouvons en lui cette idée : « qu'il y a des choses qui doivent être faites et d'autres qui sont défendues. »

C'est le sentiment du devoir en germe.

A son origine, le sentiment du devoir est fort obscur; il consiste dans l'exécution d'actes jugés conformes à l'intérêt du clan ou des moyens d'éviter la colère des morts ou des puissances surnaturelles.

Le primitif estime qu'*il doit* tuer ou manger ses
vieux parents et faire à ses fétiches de sanglants
sacrifices. Au Dahomey, le roi Guezo, par piété
filiale, élevait à son père un monument construit
de crânes cimentés avec de la terre délayée dans
du sang humain. Les fils pieux de la dynastie des
Ashantis faisaient annuellement égorger des hommes
pour repeindre avec du sang humain les squelettes
de leurs ancêtres. Au Mexique, la grande pyramide
tronquée sur laquelle se pratiquaient les sacrifices
humains offerts à Huitzilopochtli, le dieu de la
guerre, était bâtie de chaux et de cent trente mille
crânes. Annuellement les Mexicains communiaient
avec les morceaux d'une image de Huitzilopochtli
en pâte de maïs, pétrie avec du miel et du sang
d'enfant.

Les innombrables tabous sont non moins étranges, s'ils sont moins barbares que les devoirs religieux.

Ce qui est prescrit chez les uns est interdit chez
les autres. Mais il n'y a pas de société humaine, si
dégradée soit-elle, où l'on ne trouve des choses or-
données et d'autres défendues.

**\***

La doctrine de l'intérêt général et permanent de
l'espèce, comme base de la morale, n'est pas, tant

s'en faut, une doctrine matérialiste. Elle est en opposition constante avec nos instincts animaux et notre intérêt personnel. Elle exige de nous le sacrifice de satisfactions immédiates à la cause commune, sacrifice dont nous ne sommes payés que par la conscience de notre ennoblissement.

La vieille théologie considère l'obéissance à Dieu comme le fondement de la morale. Il n'y a aucune contradiction entre la conception ancienne et la nouvelle. Sans aucun doute, la volonté de Dieu est bien que l'homme se conduise conformément à l'intérêt général et permanent de l'espèce.

*<br>* *

Suivant Mgr Ireland, nous devons agir comme si tout dépendait de nous, nous devons prier comme si tout dépendait de Dieu.

C'est assurément fort bien dit — à la condition de ne pas faire sortir la prière de son vrai domaine, domaine dont les limites ont été très nettement déterminées par le *Pater* et mieux encore par les paroles qui l'accompagnent.

Cette question très délicate de la prière est une de celles qui différencient le plus nettement la pensée chrétienne de la pensée païenne. D'après l'Évangile, nous ne devons demander à Dieu que le pardon de nos fautes et la force d'accomplir notre devoir — accomplissement nécessaire à l'obtention du pardon.

Hors de là, toute prière est du pur fétichisme.

J'ai connu des dévotes qui priaient avec ferveur afin d'obtenir un grade pour leur mari; — c'est tomber mentalement au-dessous du nègre du centre africain.

Pour prévenir ces sottes prières, Jésus a dit cependant : « Votre Père sait ce dont vous avez besoin avant que vous le lui demandiez. »

Pour l'homme vraiment pieux, Dieu est la source où, par la prière, il peut puiser du courage.

\*\*\*

En somme, c'est bien Dieu qui donne la victoire, en ce sens qu'elle vient à ceux qui ont le mieux observé les lois physiques et morales qui gouvernent le monde.

## II

D'après certains dires, la science a fait banqueroute, parce qu'elle ne nous renseigne point sur les
mystères de l'au-delà.

C'est demander à la science ce qu'elle n'est point
faite pour donner.

Autant accuser la religion de banqueroute pour
n'avoir point résolu le problème des Trois Corps ou
découvert la quadrature du cercle.

\*
\*\*

Le libre arbitre, ou plutôt l'arbitre *humain,* est
cette cause de nos actions qui a son origine dans la
raison, l'arbitre animal ayant sa cause dans la sensibilité.

L'arbitre animal est le péché originel.

Notre conduite est la résultante de ces deux im-
pulsions : l'arbitre animal et l'arbitre humain.

\*
\*\*

Qu'est-ce que le libre arbitre ? C'est la faculté
de nous conduire conformément aux données de la
raison.

\*
\*\*

D'où venons-nous ? Nous n'en savons rien. Où allons-nous ? Nous ne le savons pas davantage ; mais nous avons le sentiment vague d'une ascension des ténèbres vers la lumière.

\*\*

C'est en vertu de sa divine origine que l'homme a la faculté de *faire des lois*. Seulement pour ses besoins variables, il fait des lois éphémères. Les lois de Dieu sont éternelles.

\*\*

S'il nous est impossible de pénétrer la nature divine dans son intimité, nous avons tout intérêt à connaître du moins la nature des rapports entre l'homme et Dieu. Réduits encore à confesser l'impuissance de la raison, mais éclairés par la lumière de l'Évangile, nous définissons Dieu : une source de force morale où nous pouvons puiser par la prière.

L'expérience confirme d'ailleurs cette assertion.

\*\*

Aurais-je conscience de mon moi, s'il n'y avait rien hors de moi ? L'existence du non-moi est la condition même de l'existence du moi.

Dieu serait-il sans l'univers ?

\*\*

La faculté pensante et la matière pensée sont comme les deux frères siamois, la suppression de l'une entraîne la suppression de l'autre.

*
* *

Être, c'est penser.

*
* *

La théorie est la philosophie des lois déduite de l'observation.

*
* *

Tous les possibles existent quelque part dans les champs infinis de l'espace et du temps.

*
* *

Des naturalistes fort savants retrouvent chez les animaux toutes nos facultés en germe — c'est vrai, mais à l'état de germes qui ne se développent pas.

*
* *

La science ne connaît que le monde des phénomènes, c'est-à-dire des apparences, le monde des réalités lui échappe.

*
* *

Nous photographions des objets que nous ne pouvons voir, parce que, par sa constitution, notre œil, sensible aux rayons du spectre, est insensible aux rayons X; mais, dans quelque monde, sans doute, des yeux, construits autrement que les nôtres, perçoivent à travers des matières opaques pour nous, comme nous percevons à travers le verre. Quelle profondeur dans le conte de Micromégas! Là Voltaire a été vraiment prophète.

* *<br>*

Si nos yeux étaient construits pour percevoir ces rayons X, au lieu de gens gros et gras, au lieu de jolies femmes, nous verrions circuler dans les rues des squelettes. Nous nous trouverions néanmoins très gentils. Le toucher seul nous révélerait l'existence de nos muscles, nous ne verrions pas la nature végétale. Qui peut dire que nous voyons le monde plus exactement? Nous apprécierions très différemment la beauté, car nous ne pouvons guère nous figurer des squelettes amoureux.

* *<br>*

Entre la limite microscopique et la limite moléculaire, il y a place pour des combinaisons infinies. Nous sommes des aveugles devant l'infiniment petit

moléculaire comme devant l'infiniment grand céleste.

\*\*

Qui nous dit que notre soleil éteint ne sera pas
habité par des êtres d'une sensibilité physique assez
exquise et d'un esprit assez fertile en ressources
pour vivre de la chaleur et de la lumière des étoiles?

\*\*

Dans le tourbillon universel, en vain cherchons-
nous l'immuable dans l'illusion des changeantes
apparences.

\*\*

Ce que nous appelons les lois de la nature pourrait bien n'être que des créations de notre esprit à
l'occasion des phénomènes.

\*\*

Dieu, en dehors de l'espace et du temps, agit
dans l'espace et le temps, cadre de sa création
éternelle, infinie.

\*\*

Qu'est-ce que Dieu pour nous? C'est le principe
régulateur de notre conduite.

\*\*

La raison est la faculté d'agir d'après des fins réfléchies; elle a pour principale fonction la prévision.

*\*

Nous inventons un autre monde pour expliquer celui-ci.

*\*

Si notre action est forcément limitée aux contingences de ce monde, nous avons la jouissance de la pensée.

*\*

Newton disait volontiers : « O physique, garde-toi de la métaphysique ! »

Si la science n'a rien à débrouiller avec la métaphysique, la philosophie a singulièrement à compter avec les sciences, notamment avec l'astronomie.

*\*

Le monde est bien petit, disait Christophe Colomb à son retour d'Amérique. — La Terre est bien autrement petite en comparaison du monde découvert par Galilée.

Si la science a quelque peu soulevé le voile dans le monde physique, il est une pauvre petite chose qu'elle ignore — ce pauvre rien est tout simplement l'âme humaine.

*\*

Ce n'est que bien tard que l'homme a dit : « Je pense », il a commencé par dire : « Je veux ».

De toutes ses facultés, la première dont l'homme ait conscience, c'est sa volonté.

Et cette faculté, il l'attribue à tous les êtres qui l'entourent, aussi bien du monde inanimé que du monde vivant.

\*\*\*

L'homme est composé de deux éléments : une constante et une variable.

La constante appartient au domaine de la nature, la variable au monde de la liberté.

La bête qui est en nous est la constante, la variable est l'être libre.

\*\*\*

Considérez-vous, comme M<sup>gr</sup> Gaume, la science et la liberté comme les deux filles aînées de Satan ? Prenez garde, quand vous condamnez cet amour de recherches et de connaissances, vous faites non seulement le procès de l'homme, mais le procès de la Providence, à qui nous devons cet impérieux besoin, noble caractéristique de notre espèce. Nous ne devons pas mépriser la raison parce qu'elle est faillible, elle est notre seul guide ; quand on est dans les ténèbres, on ne souffle pas sur sa chandelle, sous prétexte qu'elle n'est pas le soleil. Notre raison est faillible, sans doute, mais elle est progressive. Sans doute elle est bornée, mais, dans son champ limité, nous possédons le criterium de la certitude : ce criterium est l'accord de l'expérience et de la raison.

\*\*

Nous sommes des contradictions vivantes ; tout est contradiction en nous, et, hors de nous, tout se reflète par des contradictions en nous.

Toutes les contradictions se résolvent en Dieu ; l'absolu seul ignore les contradictions.

\*\*

L'absolu n'existe pas pour nous, nous sommes irrévocablement condamnés au relatif ; c'est le sort nécessaire de toute créature finie.

\*\*

Notre existence tout entière est basée sur le phénomène du frottement. Sans les propriétés du frottement, l'homme, du moins tel que nous le connaissons avec son actuelle enveloppe terrestre, ne pourrait exister ; — d'autre part, presque tous nos efforts, presque toute notre science pratique sont employés à vaincre le frottement et la gravitation, à la fois nos ennemis et nos moyens d'existence.

Le monde, sous mille formes, nous apparaît comme une antinomie.

Notre constitution intellectuelle est une contradiction radicale : nous sommes affamés de connaître ce qu'il nous est impossible de connaître.

En politique, en morale, en philosophie, en religion, notre vie s'écoule à combattre tout ce qui rend notre civilisation et notre existence possibles.

\*\*\*

En nous assignant une origine animale, le darwinisme nous dévoile la vérité incluse sous le dogme symbolique du péché originel,

\*\*\*

La science et la foi régissent deux domaines très différents :

La foi s'applique à l'Inconnaissable, la science s'applique au domaine de l'expérience ; le malheur est que trop souvent on entraîne la foi dans le domaine où elle n'a que faire.

\*\*\*

Ou l'âme est un produit de l'organisation, et alors elle disparaît avec cette désorganisation qui est la mort — ou elle est un principe actif qui organise le corps, et alors, atome divin, elle est éternelle comme le monde.

L'idée de la survie semble innée, on la retrouve

partout, il n'est sauvage si arriéré qui ne croie à
une autre existence. L'ombre d'un doute n'a jamais
pénétré en lui à cet égard.

Le doute est le produit d'une civilisation avancée, il est relativement très moderne.

Les deux doctrines d'une disparition totale et de
la survie se disputent le monde, et nous ne sem-
blons pas prêts d'être fixés à cet égard.

La croyance en la survie a pour elle la popu-
larité.

\* \*

L'expérience que nous avons acquise en cette vie
doit nous servir en une autre, sinon à quoi bon
l'acquérir ?

\* \*

La vie n'a pas de sens si, par des expériences et
des épreuves, elle ne sert à former notre volonté
pour une autre existence.

Mais je ne puis concevoir une autre existence où
je n'exercerai pas ma volonté.

Un paradis où je n'aurais pas à vouloir me semble
une déchéance.

\* \*

Notre conception du firmament influe beaucoup
sur notre conception du paradis. Maintenant, au
lieu d'un ciel identique en son éternité, où quelques

planètes circulent avec une majestueuse lenteur,
l'astronomie nous révèle un perpétuel enfantement,
une intensité et une multiplicité de mouvements
prodigieuses; de là nous sommes conduits à intro-
duire l'activité dans notre vie céleste.

\*
\* \*

C'est à la page étincelante du firmament que nous
déchiffrons le mieux le secret de notre origine et de
notre fin. Devant le ciel étoilé, un instinct quasi
insurmontable nous inspire que nous en venons et
que nous y retournerons.

\*
\* \*

Quand ils couvraient le ciel de constellations
animées, les primitifs pressentaient la vie dans les
astres, le ciel mort des astronomes a répugné de
tout temps à l'instinct populaire.

\*
\* \*

D'après la loi fondamentale de la doctrine des
*Mystères des Bardes,* l'univers a pour fin la réalisation de la loi morale; chacun s'y classant suivant
ses œuvres pendant l'interminable succession de ses
différentes vies.

# III

Une ravissante enfant de douze ans, appartenant à une famille dirigée par les Pères, me demande avec un charmant sourire : « Est-ce qu'on ne va pas bientôt brûler les Juifs ? »

* * *

Entendu en passant près d'une élégante tenant un livre de messe à la main : « Qu'il soit innocent ou coupable, il n'en aura pas moins passé quatre ans à l'île du Diable, ce sale juif ! »

* * *

Pendant le procès Zola, ce n'étaient pas les élèves de l'*école sans Dieu* qui prônaient le massacre et proféraient des menaces de mort.

* * *

A propos de l'assassinat de l'impératrice d'Autriche, j'ai entendu dire à une dame qui malheureusement n'était pas une bête : « C'est Dieu qui l'a punie, parce qu'elle allait voir un Juif. »

* * *

Le bruit, un moment répandu et accepté de l'empoisonnement de Félix Faure par la juiverie (un mot inconnu de mon temps), montre combien le machiavélisme des uns compte sur l'imbécillité des autres.

\* \*

On est souvent stupéfait de la férocité froide qui se cache sous le masque des dames du grand monde, et l'on se demande avec inquiétude si, grattant le fard de la société moderne, on ne retrouverait pas le cannibale.

\* \*

Au mois de janvier 1899, je reçus la visite d'un charmant officier de marine. A première vue, on sent en lui une nature droite, généreuse, sympathique, et cette première impression est de toute vérité. Moralement, c'est une nature d'élite, intellectuellement aussi. S'il s'agissait d'un imbécile ou d'un méchant, l'anecdote serait sans valeur.

L'aimable jeune homme me dit avec cette ingénuité qui désarme :

— Ce qui fait la faiblesse de la France, ce sont ses divisions ; eh bien, pour arriver à une harmonie si désirable, il faut supprimer les Juifs, les protestants et les libres penseurs. Tout le monde sera d'accord et le pays sera puissant.

Je répondis par quelques observations timides.

A quoi bon discuter ? J'avais affaire à un de ces cerveaux si artistement pétris par les Révérends Pères !

Il reprit avec la même candeur :

— Croyez-vous à un coup d'État ?

— Je n'en sais rien.

— Ah ! c'est que, coûte que coûte, à mes risques et périls, j'y veux prendre part.

— Mais, malheureux, vous voulez donc la guerre civile !

— Je ne demande que ça.

Bienheureux les pacifiques, dit Jésus !

Mais cette parole n'est point faite pour l'Église militante, qui n'a qu'une confiance médiocre en ses canons et préfère la mitraille.

\*
\*\*

Je reçois, par la poste, une annonce de l'*Union catholique des vignerons de la Côte-d'Or*. Où diable la religion va-t-elle se nicher ? Cette annonce est un signe de notre temps. J'ai tout d'abord éprouvé un sentiment de défiance pour ce vin trop orthodoxe pour ne pas avoir été baptisé.

\*
\*\*

Par circulaire, puis par lettre personnelle, j'ai été invité à prêter mon nom et mes fonds à l'établissement d'une banque catholique.

Après le vin catholique, la banque catholique.

A quand la moutarde catholique?... en attendant (rêve suprême!) l'armée catholique... On a déjà un état-major sous la main, la difficulté est le recrutement des troupes.

*
* *

De 1720 à 1747, on profite de la peste pour massacrer les Juifs, en les accusant d'en être les propagateurs; on procédait par noyades, pendaisons, bûchers. A Strasbourg, dit-on, en un seul coup, on en tua deux mille. Dans un siècle probablement, les accusations dont ils sont aujourd'hui victimes sembleront aussi bêtes que celle de fabriquer la peste.

Et quand je songe que j'ai entendu un officier de valeur, ayant même eu son jour de notoriété, s'écrier devant moi avec une ardeur convaincue : « Pourquoi ne pas régler, comme on l'eût fait il y a deux ou trois cents ans, cette affaire Dreyfus par un bon massacre ? »

*
* *

Les sacrifices humains se retrouvent à l'origine des religions de tous les peuples. On a toujours été disposé, pour plaire à la Divinité, à sacrifier son prochain.

Jésus s'est montré très original en cela qu'il s'est sacrifié lui-même.

Ces soi-disant chrétiens, qui veulent offrir les Juifs en holocauste à leur dieu sanguinaire, sont retombés à l'état sauvage.

\*
\*\*

Au Mexique, en Espagne, en Italie, les voleurs et les prostituées sont les plus grands dévots de la Terre.

Une personne dont la véracité pour moi ne fait pas l'ombre d'un doute, au retour d'un voyage en Calabre, en 1860, me disait :

« Les gens qui ne connaissent que le clergé de France ne peuvent se faire une idée des clergés de l'Espagne et de l'Italie. J'ai entendu un petit propriétaire calabrais me dire avec conviction : « Ce sont les Français déguisés en Juifs qui ont crucifié Jésus-Christ », et comme je me récriais ahuri, le Calabrais reprit avec vivacité : « C'est bien vrai cependant, car j'ai entendu le curé le dire en chaire. »

On dira bien, non sans raison : Ce n'est pas la religion qui abrutit ces populations, mais ils pratiquent ainsi la religion parce qu'ils sont abrutis.

Sans doute — mais là, comme toujours, l'effet devient cause.

Qui n'a pas vécu dans les pays sans concurrence religieuse ignore où mène le monopole religieux, quel qu'il soit.

Le clergé des États-Unis est le premier clergé de la catholicité, parce qu'il est le plus concurrencé.

*\*\**

Après la destruction de Tyr et de Carthage, l'esprit des grandes entreprises maritimes sommeilla ; de leurs découvertes océaniques, il resta un vague souvenir et le nom des îles Fortunées. Les Français les retrouvèrent en 1330, mais cette spirituelle nation tire volontiers les marrons du feu pour autrui. Les Espagnols s'en emparèrent. Pour convertir le pays, ils recoururent à leur moyen favori, le massacre en masse — conformément à la doctrine de Sépulvéda, chapelain de Charles-Quint et instituteur de l'infant Philippe, son digne élève. — Sépulvéda soutenait que, *d'après les doctrines de l'Église,* c'est un devoir d'exterminer quiconque refuse d'embrasser la foi catholique.

*\*\**

En 1498, Colomb découvrit le golfe de Paria, mais la contrée qui devait s'appeler Vénézuéla ne fut explorée que l'année suivante par Alonzo de Hojeda. Sur l'ordre de Ferdinand le Catholique, un conseil composé de théologiens et de jurisconsultes, présidé par le cardinal Ximénès, rédigea les instructions de Alonzo de Hojeda.

Hojeda avait pour mission d'apprendre aux naturels que le Pape avait disposé de leur pays en faveur de l'Espagne. Il devait les sommer d'adopter sans retard la foi catholique, sous peine d'être attaqués par le fer et par le feu et réduits en servitude, eux, leurs femmes et leurs enfants.

\*\*

Le pape Pie V, canonisé en 1713, écrivait à Catherine de Médicis, le 28 mars 1569 :

« Si Votre Majesté continue à combattre les ennemis de la religion catholique, *jusqu'à ce qu'ils soient tous massacrés,* qu'elle soit assurée que le secours divin ne lui manquera pas. »

\*\*

« Quoique le prêtre ne soit dans le sacrifice que le substitut de Jésus-Christ, il est certain néanmoins que Jésus-Christ se soumet à lui, qu'il s'y assujettit, et qu'il lui rend tous les jours la plus grande, la plus stricte obéissance. Si la foi ne nous enseignait ces vérités, pourrions-nous jamais penser qu'un homme pût atteindre à une semblable élévation, et être revêtu d'un caractère qui le mît en état, si je l'ose dire, de commander à son souverain Seigneur et de le faire descendre du ciel ? »

BOURDALOUE.

Il y a toujours des gens déplorablement logiques : Maupas nous en donne un exemple dans la « Vie de saint François de Sales » : —

Un prêtre s'arrête à la porte d'une église, on lui demande pourquoi ; il répond qu'il voyait d'ordinaire passer devant lui son bon ange, mais que celui-ci venait de s'arrêter, pour le laisser passer par respect pour son caractère.

Échange de civilités :

— Monsieur l'ange, passez donc, je vous prie.

— Seigneur prêtre, je suis votre serviteur.

Est-ce assez drôle ?

*<br>* *

Au moment de la capitulation de Paris, Bismarck se préoccupait de l'alimentation de la capitale ; son parent, Bismarck-Bohlen, lui observa combien il était indifférent que les Parisiens mourussent de faim. Indigné, le chancelier s'écrie : « Malheureux ! si les Parisiens meurent, qui me payera mes contributions ? »

Ces pieux liseurs de Bible ne doutaient pas de leur mission de bourreaux de la Providence.

Qu'il y a loin de la piété à la bonté !

« En politique, dit Bismarck, il n'y a point de place pour la pitié. » C'était l'avis des terroristes, mais les terroristes ne posaient pas en chrétiens comme le chancelier.

Très confite en dévotion, la princesse de Bismarck (bien inutile recommandation) poussait son mari à se montrer impitoyable ; vœu charitable : elle souhaitait la destruction du plus grand nombre de Français possible (y compris les petits enfants, innocents d'être nés d'aussi mauvais parents, disait la chère dame). La missive était accompagnée d'une Bible où la digne princesse avait marqué ce passage : « Je te dis, les méchants seront exterminés. »

Je vois bien les protestants de Bismarck et les catholiques de Drumont, mais je cherche en vain les chrétiens de l'Évangile.

\*
\*\*

Mon antipathie pour l'Ancien Testament égale ma passion de l'Évangile, et cette antipathie est presque aussi forte pour le Nouveau Testament en dehors de l'Évangile.

Le Christianisme est tout entier dans les évangiles, et l'on risque fort de le gâter, si l'on sort des légendes sacrées.

\*
\*\*

Si j'avais fait partie du jury chargé de juger Caïn, je lui aurais voté des circonstances atténuantes.

Le Dieu d'Israël aime le sang; il dédaigne l'offrande des fruits de Caïn et se réjouit du sacrifice sanglant d'Abel. Caïn, dans une certaine mesure, était donc fondé à dire à Jahvé : Puisque tu aimes tant le sang, je t'offre celui de mon frère.

\*
\*\*

— D'où vient, dans notre France issue de la Révolution, cette infiltration de l'esprit espagnol depuis le protectionnisme outrancier et les velléités de pronunciamentos, jusqu'aux courses de taureaux ?

— Avez-vous oublié qu'Ignace de Loyola était Espagnol? C'est son génie qui plane sur la France — aujourd'hui la lutte est ouverte entre le soldat mystique et l'homme d'étude et de travail.

\*
\*\*

Il faudrait être parfaitement injuste pour ne pas reconnaître, dans les Révérends Pères de la Comgnie de Jésus, des individualités fort respectables.

Comment se fait-il qu'on retrouve leur action malfaisante dans tous les dangers de la patrie ?

Ils n'ont qu'un souci : le succès du catholicisme; malheureusemen·, par leurs manœuvres louches, sourdes et compliquées, ils n'arrivent le plus sou-

vent qu'à se faire des plus tolérants des ennemis
implacables.

Ils ont été les promoteurs de la Boulange et, dans
l'horrible affaire Dreyfus, on retrouve leur influence
partout.

\*\*

On n'est pas plus maladroit que les Révérends
Pères; avec toute leur finesse, ils ont fait un martyr. Or, s'ils étaient quelque peu chrétiens, ils com-
prendraient la puissance du martyre.

\*\*

La France est le théâtre naturel de la lutte achar-
née entre le génie celte, génie de liberté, et le génie
de Loyola.

\*\*

Il y a maintenant en France trois fois plus de
moines et de religieuses qu'il n'y en avait avant
1789.

\*\*

Le christianisme oriental spécule sur le dogme
conformément au génie grec; conformément au
génie romain, le catholicisme romain considère
que le but de la religion est de gouverner les hommes; le christianisme nord-occidental se propose

d'apprendre aux hommes à se gouverner eux-mêmes.

*
* *

La religion domine de haut la politique. Les difficultés dans lesquelles se débat la France proviennent de l'antagonisme entre le principe d'autorité qui règne en religion et le principe d'autarchie qui règne en politique.

Ce qui donne aux États-Unis leur solidité politique, c'est la prédominance absolue du principe autarchique en religion comme en politique.

*
* *

Quand une essence a épuisé le sol, on reconstitue la forêt qui, dans les temps reculés, recouvrit le même espace. De même, les vieilles croyances réapparaissent sous des formes rajeunies.

*
* *

Que se passe-t-il? Le cléricalisme prépare-t-il le terrain à la réforme, en ridiculisant l'idéal, ce qui est triste, cruel et dangereux?

*
* *

Les formules religieuses traditionnelles n'ont jamais eu qu'une valeur symbolique.

*
* *

Luther et les réformateurs n'ont pas proclamé le libre examen, mais ils en ont donné l'exemple, ce qui est infiniment plus grave.

\*\*\*

C'est étrange le nombre de cléricaux fervents et convaincus qui n'ont jamais ouvert un Évangile.

\*\*\*

Le père de famille ayant le plus grand souci de l'éducation morale de ses enfants que j'ai connu me disait :

— J'ai été élevé dans la religion catholique et je ne m'en trouve pas plus mal ; j'ai donc élevé mes enfants dans la religion catholique. Mais à aucun prix je ne les aurais confiés aux Jésuites ; je ne comprends pas qu'un père se décharge sur autrui du plus saint de ses devoirs, celui de former le moral de ses enfants. D'autre part, je me suis toujours abstenu de faire devant eux la moindre allusion à l'enfer et au diable. Je n'ai jamais prononcé ces noms en leur présence. Je me suis contenté de leur dire : « Ne fais pas cela, parce que cela est mal ; fais cela, parce que cela est bien. » Ça n'est ni bien compliqué, ni bien métaphysique, mais cela m'a suffi pour faire d'honnêtes femmes et de braves garçons.

— C'est vrai, lui répondis-je, mais vous oubliez le principal : vos enfants ont toujours eu sous les yeux l'admirable exemple de l'accomplissement sévère de tous les grands devoirs.

*
* *

Absorbés par les exigences de la vie quotidienne, la plupart des hommes ne peuvent consacrer qu'un temps très limité au perfectionnement réfléchi de leur être moral. Nous considérons la lecture des Évangiles comme la meilleure pratique — par cette lecture, chacun arrive à se créer, selon ses forces, un Christ idéal.

Nous ne comprenons la lecture de la Bible que pour les érudits de profession. Sans doute, les Psaumes et les Prophètes respirent une grandiose poésie religieuse; mais, ces fragments mis à part, il est fort difficile de tirer quelque profit moral de la plus grande partie de la Bible. Il n'est possible qu'à un nombre très restreint de lecteurs d'apporter dans leurs méditations l'esprit critique et les vastes connaissances qu'exige l'interprétation de ces monuments. Tel y apportera l'esprit railleur de Voltaire et méconnaîtra l'importance de documents mi-partie légendaires, mi-partie historiques. Tel autre, considérant la Bible comme un livre divinement inspiré, s'imprégnera de l'esprit le plus anti-chrétien. Le féti-

chisme de la Bible a sémitisé le protestantisme orthodoxe. Bismarck et de Moltke, grands liseurs de
Bible, n'y ont vu que le Dieu des armées, dépourvu de tout rapport avec le Dieu de Jésus.

Sauf les Évangiles, le Nouveau Testament n'offre
pas non plus de grandes ressources pour notre culture morale, c'est encore un livre de savant.

# IV

Parti de la côte des Graines, j'avais pénétré assez profondément dans les terres en remontant la rivière de Lahou. Je m'arrêtai dans un village où jamais visage de blanc n'avait paru. Pour dessiner le cours du fleuve, j'avais pour tout instrument une boussole; c'était suffisant pour le genre de reconnaissance que je me proposais. J'avais, d'ailleurs, pour toute escorte un Krouman de douze à treize ans.

Mes piroguiers et les noirs des villages où je descendais eurent vite trouvé la théorie de mon instrument. La boussole était un être vivant dont la passion était le nord. Si je l'avais donnée à quelque chef pour se guider dans les bois; certainement il lui eût fait des sacrifices et l'eût priée à deux genoux de ne pas avoir de fantaisies.

Le primitif transporte dans tous les êtres l'existence personnelle qu'il sent en lui. Comme en sa personne, dans le monde extérieur, la vie et la volonté sont la cause de tous les phénomènes. Comme il est un être vivant et voulant, comme il marche parce qu'il veut marcher, le fleuve est un être per-

sonnel et vivant qui coule parce qu'il veut couler.
C'est bien un être doué de vie et de volonté ; de là,
à le supposer sensible aux hommages, le pas est
facile à franchir.

\* \* \*

Pour les primitifs, les phénomènes de la nature
ne sont que les gestes, les actes et les caprices des
morts et des dieux.

\* \* \*

Pour tous les hommes — civilisés ou sauvages
— les deux phénomènes dominateurs sont — et
seront toujours — les deux grands mystères de la
vie et de la mort.

\* \* \*

Le sauvage n'a certainement pas l'idée de l'immortalité. Cette idée est trop ample pour pénétrer
dans son étroit cerveau, mais il a la profonde conviction d'une survie. Il est foncièrement convaincu
qu'il doit continuer à vivre après la mort.

\* \* \*

Il faut l'avoir tenté pour comprendre combien il
est difficile d'interroger les non-civilisés en matière

religieuse. Il y a si loin de leur façon de penser à la
nôtre, ils voient tout sous un jour si différent !

Chez les tribus à filiation maternelle, un père
n'est pas le parent de ses enfants, la parenté n'existe
que par la mère. Un mariage entre frère et sœur
serait abominable, mais un père peut très bien
épouser sa fille.

Ceux-ci se figurent les âmes sous la forme d'une
chauve-souris ; ceux-là vous parlent de l'âme des
patates douces ; d'autres s'imaginent descendre du
plantain ou du maïs.

\*
\*\*

La première conception de l'homme est celle de
dieux malfaisants.

\*
\*\*

Aux plus extrêmes degrés de la sauvagerie se
trouve la préoccupation d'un autre monde qui double notre monde sublunaire, l'explique et en est la
raison d'être.

\*
\*\*

Aux nombreuses difficultés que l'on rencontre
dans l'abîme mental qui nous sépare du non-ci-
vilisé, pour lui poser des questions qu'il puisse
comprendre, il faut ajouter sa répugnance à faire

connaître sa pensée sur des sujets qu'il considère comme trop sacrés pour en parler à des étrangers et sa crainte de dévoiler des pratiques dont on puisse user contre lui.

\*\*

— Quelle est votre profession?
— Faiseur de pluie.

La réponse est toute simple pour un Amazulu.

La profession de faiseur de pluie, fort répandue en Afrique, y semble aussi naturelle que celle de boulanger chez nous. Nos prêtres procèdent, d'ailleurs, à de belles processions en faveur de ce météore, avec moins de succès apparents peut-être, mais avec une efficacité aussi réelle que celle de leurs collègues africains.

\*\*

L'identité du sang et de la vie fait presque universellement partie des croyances primitives; de là les propriétés surnaturelles attribuées au sang par les non-civilisés.

\*\*

La plupart des sauvages estiment que l'aliment essentiel des esprits est le sang, le sang humain de préférence. Nous, nous ne comprenons pas comment des esprits peuvent se nourrir, boire et manger.

Qu'il est difficile d'entrer dans une peau barbare !

*
* *

Chez les primitifs, il y a une incapacité complète de distinguer les objets animés des objets inanimés — pour eux, tout vit ; c'est une conviction que tout objet naturel (voire même souvent fabriqué) possède une âme. Étant admis ce fait, dont les preuves abondent, on ne sera plus si surpris de l'adoration des pierres et des rochers.

*
* *

Les primitifs n'ont point d'abord la notion de l'air, chose invisible et impalpable ; la conception des quatre éléments exige déjà une certaine culture scientifique. Le vent fut d'abord esprit, aussi la Triade primitive comprit-elle seulement la Terre, le Ciel et l'Eau.

*
* *

Beaucoup de sauvages attribuent la décroissance de la lune à ce fait que les dieux la mangent.

*
* *

Les sauvages sont convaincus qu'en mangeant la chair d'un être, on s'assimile les qualités de cet être; le sacrement de l'Eucharistie est une survivance de cette croyance primitive, dont la foi du croyant fait une réalité.

\*\*

Dans les hautes classes des Marquises, on professe pour les enfants une déférence religieuse extrême. Les descendants de dieux étant dieux eux-mêmes, le nouveau-né, à titre de nouvel envoyé, de dernière incarnation des ancêtres, est plus dieu que son père.

Mon frère fut au nombre des officiers désignés pour la première occupation des Marquises. Il fit un long séjour dans ces îles, y apprit le canaque et entretint d'intimes relations avec les indigènes, alors à l'état où les trouvèrent les premiers navigateurs. Il en revint leur admirateur passionné.

Aussi se taisait-il ou répondait-il avec humeur, quand on lui parlait de leur goût si prononcé pour la chair humaine. Ce sujet lui déplaisait fort. Évidemment il pensait que nous avons tous des défauts, mais que la balance des qualités penchait en leur faveur.

Je n'ai jamais éprouvé cette passion pour les Canaques de la Nouvelle-Calédonie, mais j'ai bien constaté par moi-même que le cannibalisme n'est pas incompatible avec de fort respectables vertus.

\*\*

Les Tchoukchis, habitants des froides régions de l'océan Glacial, croient que les âmes des ancêtres renaissent dans leurs descendants comme les Nègres des régions embrasées du Niger croient à la réincarnation.

Si les chiens, les renards et les oiseaux dévorent le cadavre en deux ou trois jours, c'est bon signe, l'âme est satisfaite; dans le cas contraire, les Tchoukchis offrent des sacrifices propitiatoires. Comme les gens des Tunga, ils pensent que l'on arrive dans l'autre monde avec son âge; aussi, engagent-ils leurs ascendants à se laisser tuer avant la vieillesse, ce que ceux-ci acceptent volontiers.

\*
\* \*

Au Groenland, les Esquimaux étaient parvenus d'eux-mêmes à une sorte de monothéisme, en donnant à une de leurs divinités une telle suprématie que, quand les missionnaires leur prêchèrent le Dieu un, les Angekoks crurent qu'ils leur parlaient de leur Torngarsuk.

\*
\* \*

Le grand temple de Huitzilopochtli portait le nom significatif de « lieu où l'on coupe les gens ». Cinq mille moines y occupaient des cellules. Dans trois

grandes salles se trouvaient de petites idoles bar-
bouillées de sang. Comme les idoles, les murs étaient
aspergés de la *précieuse liqueur humaine,* où elle
formait une couche de deux pouces d'épaisseur et,
sur les planchers, de près d'un pied.

La mère de Huitzilopochtli était vierge quand elle
enfanta son horrible fils qui, d'ailleurs, comme Vichnou, ne naissait point pour la première fois.

\*\*\*

C'est généralement une erreur d'expliquer les
aventures des dieux en y voyant des symboles des
phénomènes de la nature — le plus souvent, ce sont
tout simplement des frasques d'hommes très puis-
sants, mus par nos goûts, nos passions et nos vices;
car les dieux n'ont jamais été conçus autrement.

\*\*\*

La vie des dieux est généralement fort longue,
les changements dans leur constitution et leur tem-
pérament, de l'enfance à la caducité, sont très lents;
aussi les adorateurs ne s'aperçoivent-ils pas de cette
évolution, et conservent-ils le même nom à un être
qui, par le fait, n'y répond plus.

\*\*\*

La religion, dans son principe, est un sentiment spontané, irréfléchi, revêtant pour son expression la forme concrète du mythe. La mythologie est la forme de toute religion développée.

\*\*\*

Le christianisme est la seule religion qui ait sérieusement tenté de mettre de l'ordre dans ses croyances.

En général, les croyants se soucient fort peu de la logique; ils accumulent, sans sourciller, les idées les plus contradictoires. En Chine, par exemple, le bouddhisme s'est superposé au vieux culte des ancêtres, inconciliable avec la loi du Karma. De plus, pour les Chinois, l'âme stationne près des ossements, ce qui ne l'empêche pas de veiller sur ses descendants. Personne ne songe à faire concorder les offrandes effectuées sur l'autel familial avec la croyance à l'emprisonnement de l'âme dans le cercueil, d'où elle ne doit jamais sortir. Si les ossements sont dispersés, l'âme errante souffre quand il pleut; aussi arrête-t-elle la pluie, ce qui nuit à l'agriculture.

En Égypte, l'âme vit dans sa demeure souterraine — se promène dans les champs d'Ialou sous la protection d'Osiris — navigue dans la barque de Râ. Elle mène simultanément ces trois existences en trois lieux différents.

Si l'on réfléchit aux superstitions populaires et aux croyances des primitifs, on conclut leur tendance à conférer à l'âme une sorte d'ubiquité.

Les noirs du delta du Niger, les Bantus, donnent à l'homme jusqu'à quatre âmes.

Le moyen âge affectait à l'homme trois âmes : l'âme végétale, l'âme animale, l'âme humaine.

Avec des hypothèses analogues, on pourrait expliquer l'opinion des Chinois et des Égyptiens sur la vie future... Qui sait si là n'est point la solution de bien des antinomies ?

\*\*

Les masses acceptent volontiers des croyances venues de tous pays et de tous temps ; — sans souci d'ordre, de logique ni de concordance, elles font le plus étrange amalgame de rites, de dogmes, de pratiques et de superstitions saugrenues.

Une bonne femme de Sainte-Anne-de-la-Palue (en Bretagne) vous dira, sans broncher, que la duchesse Anne était la grand'mère de Jésus-Christ, et vous la scandaliserez fort en lui objectant que la grand'mère de Jésus-Christ ne pouvait être chrétienne.

Elle ajoutera dédaigneusement : *Dans les villes, vous ignorez ces choses ; mais nous, nous les savons parce que nous les tenons de nos pères.*

\*\*

Le principe actif et le principe passif, tous deux également nécessaires, règnent ensemble sur le monde : Baal et Astarté, Ouranos et Géa, le principe mâle et le principe femelle, le fécondateur et le récepteur, la liberté et la nature. Le vrai progrès (il n'y en a pas d'autre, tous les progrès physiques ne sont que des moyens), c'est le développement en nous du principe actif et libre.

*\*
\**

On quêtait à l'église, le bedeau faisait résonner dans le plateau argenté la monnaie de cuivre en nasillant : *Pour les trépassés !* En déposant son offrande, Alphonse Karr murmura : « Je croyais que le plus grand avantage d'être mort était de n'avoir plus besoin d'argent. » C'est une idée très moderne, celle que les morts n'ont plus besoin de rien. Il nous est impossible de revivre mentalement dans le passé d'une façon assez complète pour comprendre combien la pensée d'entretenir leurs morts préoccupait les Égyptiens. Nous devons les Pyramides à cette pensée obsédante de loger et de nourrir les morts. Le tombeau se construisait sur le plan du palais du Roi, du château du noble ou de la maison du particulier. L'*ouverture de la bouche*, afin de mettre le mort à même de manger, était une cérémonie capitale des funérailles. Pourquoi le mort, qui pou-

vait quitter son cercueil et s'attabler, ne pouvait-il
ouvrir la bouche ? C'est une de ces mille bizarres
inconséquences qu'on rencontre dans les rites et
dont le sens primordial nous échappe.

Dominés par cette pensée de nourrir leurs morts,
les Égyptiens leur servirent d'abord régulièrement
leurs repas; plus tard, ils crurent que les mets four-
nissaient un substratum vaporeux dont l'ombre se
contentait. Plus tard encore, il suffit de mettre dans
le tombeau une table et des menus de restaurant,
sur lesquels, par une simple évocation, le mort com-
mandait son dîner.

Le culte des morts est assurément l'une des formes
religieuses qui nous tiennent le plus au cœur; à
mon sens, le mazdéisme moderne est, de toutes les
religions, celle qui semble avoir le mieux résolu le
problème : à la fête des morts, les Parsis font des
souscriptions, dont le montant est considérable,
en faveur des pauvres; et chaque Parsi honore ses
morts en faisant des aumônes en leur nom.

\*\*\*

Les grandes civilisations devaient naître dans les
pays sans pluie, comme l'Égypte et le Pérou, où
des fleuves rendaient l'irrigation artificielle possible
et où la sécheresse la rendait nécessaire.

\*\*\*

Il semble bien que nous devons aux Babyloniens le Paradis et l'Enfer.

*<br>* *

On me donne d'Hanoï le renseignement suivant :

Dans la nuit du 5 au 6 décembre, une bande de soi-disant pirates, au nombre d'environ cent vingt, sans autres armes que des coupe-coupe, des drapeaux et des invocations aux génies d'il y a dix mille ans, ont tenté de s'emparer d'Hanoï. Les chefs ont été condamnés à mort. Mais la mort, comme ils disent dans leur français de caserne : « Moi m'en fouts ». Aussi, comme aggravation, a-t-on changé leur peine en exil perpétuel à Poulo-Condore. Ça, ils ne s'en moquent pas du tout. Plus de sacrifices aux ancêtres et, pour eux non plus, quand ils auront quitté la vie, pas de sacrifices sur leurs tombeaux. Être condamnée à errer toute l'éternité, être le Ma-Kin : voilà le sort de leur âme ; perspective qui les effraie beaucoup plus que le divorce de leurs têtes avec les épaules.

*<br>* *

Au Tonkin, la fête du Thuong-Thu (milieu de l'automne) se célèbre à la pleine lune du huitième mois annamite. Ce jour-là, les enfants sont les maîtres de la maison. Il n'y a rien de nouveau sous le

soleil, c'est tout simplement notre arbre de la Noël :
étalage de jouets, de gâteaux, de lumières, avec
cette différence que gâteaux et bonbons revêtent
des formes artistiques de toute beauté. On y voit
des fleurs d'hibiscus, des passe-roses, des camélias
faits avec de la pulpe de papayes coloriées; c'est à
s'y méprendre. Les lumières sont enfermées dans
des lanternes aux formes les plus originales : pois-
sons, crabes, crevettes, tortues..., les unes en colle
de poisson, les autres en papier annamite huilé et
dont la carcasse est faite avec des éclats de bam-
bous.

\* \*

Le point de départ de la doctrine confucéenne est
la divinité du Ciel. Le Ciel, vivificateur du monde,
a déposé en tout homme le *Sing*, élément céleste,
origine de tout bien. Pour arriver à la voie du salut,
qui est le *Tao*, dont les hommes se sont écartés par
leurs passions et leurs convoitises, il faut revenir
aux règles du sing, ce qui ne se peut que par l'enseignement des sages, qui est le *Kiao*.

C'est dans le passé le plus lointain qu'il faut cher-
cher la source pure du sing; — de là une supersti-
tieuse admiration de l'antiquité, notamment des
mirifiques vertus des empereurs légendaires.

L'idéal, c'est le passé — plus il est reculé, plus il
est près du beau.

Par son effroi de tout ce qui est en dehors du tangible, le confucéisme se rapproche singulièrement du positivisme d'Auguste Comte, qui semble, d'ailleurs, lui avoir emprunté le culte des ancêtres. Si le Sémite représente le Dieu absolu, le Celte l'immortalité de l'âme, le Bouddhiste et le Chrétien la religion de l'humanité, le Chinois représente le principe positiviste.

Confucius se rapproche d'ailleurs de nos socialistes par son aveugle confiance dans le pouvoir. Fourier a rêvé toute sa vie d'un prince qui imposât d'autorité le phalanstère. Confucius a cherché toute sa vie un roi qui le prît comme premier ministre et lui confiât le pouvoir absolu. Dans ces conditions, il faisait succéder la vertu à la corruption, comme l'a tenté, d'ailleurs vainement, cet excellent M. de Robespierre.

Mais les princes auxquels s'adressa le réformateur chinois pensèrent, sans doute, comme le grand Frédéric, que, pour gouverner, il n'est pire que les philosophes.

Chinois jusqu'au bout des ongles (et des ongles très longs), il porta jusqu'au ridicule l'amour du rite et du décorum. Sa morale, excellente, mais dépourvue de toute élévation, rappelle trop souvent les vérités de M. de La Palisse. On peut lire sa doctrine par curiosité, mais sûrement sans profit.

Sa prodigieuse fatuité, l'importance exagérée qu'il

donne au cérémonial, son amour passionné du pro-
tocole, en font à nos yeux un personnage quasi grotesque. Il n'en a pas moins inculqué de grandes
vertus à un grand peuple.—

Tandis que Jésus dit : « Mon royaume n'est pas
de ce monde » et : « Rendez à César ce qui est à
César », Confucius, piqué de la tarentule ministé-
rielle, se propose à tous les monarques, s'engageant
à accomplir en trois ans sa petite opération. En trois
ans, si on le nomme ministre, d'un pays corrompu
il fera un paradis habité par des saints ; jamais can-
didat socaliste n'a tant promis à ses électeurs. Tandis
que le Christianisme (le vrai) n'a pas la moindre
confiance dans les vertus du pouvoir, Confucius en
a l'idolâtrie.

*
* *

Je viens de lire des contes Cambodgiens, Siamois
et Laotiens recueillis par le grand explorateur Pavie, aujourd'hui ministre plénipotentiaire à Bangkok.
Ils ont une grande analogie avec les contes de Per-
rault, surchargés, à en rendre la lecture pénible, de
ce merveilleux outré si cher à l'Orient. Il est impossible de ne pas être frappé de ce pessimisme désolé,
mais aussi de cette immense pitié pour la misère
universelle et pour la misère humaine, surtout de
cette foi profonde dans les existences antérieures
que l'on y rencontre à toutes les pages. Combien

sont profondes les influences de l'éducation et du milieu ! Il serait certainement beaucoup plus difficile de faire admettre par un Cambodgien qu'il vit pour la première fois, que de faire admettre par un Français que sa vie actuelle est la conséquence des précédentes existences — ce qui est parfaitement possible cependant.

J'ai pu constater par moi-même, au Cambodge, cet état mental.

A propos d'un conte qu'il entendit réciter par un vieillard, dans une de ses admirables explorations, M. Pavie s'exprime ainsi :

« J'entendis sa manière de voir sur ce dogme sage et généreux qui, là-bas, laisse le calme dans les grands maux, donne le courage, adoucit les mœurs et rend les peuples heureux.

« Vous voyez, dit le sage Khmer, combien la pensée que tous leurs malheurs sont l'expiation des fautes, même les plus petites, dans une vie passée, aide Vorvang et Néang-Kessey à en supporter le poids écrasant, sûrs en même temps que leur achèvement amène le pardon. »

\*
\* \*

Le pâle anachorète des forêts de l'Inde, immobile dans sa contemplation, cherche dans le nirvâna la délivrance du fardeau des métempsycoses.

\*
\* \*

Le code de Manou réduit la morale sociale au respect de la fatalité de la naissance par castes. Ce sera l'éternel honneur du Bouddhisme d'avoir brisé le régime des castes et proclamé la fraternité des hommes de toutes races et de tous pays.

Voici un singulier exemple qui montre toute la rigueur de ce régime des castes :

Les Tagore, Brahmanes d'origine, ont été déchus de leur caste parce qu'*un de leurs ancêtres avait respiré l'odeur d'un repas musulman*. Un membre de cette famille habitant Calcutta, puissamment riche, bienfaisant, honoré, mais toujours hors caste, eut la bonhomie d'offrir cent mille roupies à un pandit pour une visite de quelques minutes, le pandit refusa.

*\*\**

Vers la fin du viiie siècle, l'empereur de Chine décidait que le Nestorianisme, venu de Syrie, et le Bouddhisme devaient s'enseigner séparément ; il leur interdit toute compromission, toute conciliation. Singulier exemple à la fois de tolérance et d'immixtion de l'État dans le domaine des consciences. Que c'est bien le conservatisme chinois ! il veut bien admettre deux religions étrangères, mais à la condition de leur interdire tout progrès.

*\*\**

Parlez-moi du grand empereur Koubilaï, le fondateur de la vingtième dynastie chinoise, voilà un homme ! Ce tolérant bouddhiste faisait à Fo ses dévotions tous les jours, assistait à la messe nestorienne le dimanche et priait à la mosquée le vendredi.

La tolérance est le caractère du bouddhiste, comme l'intolérance est le caractère du musulman... et d'un assez bon nombre de soi-disant chrétiens.

\*
\*\*

Le dieu du pur Bouddhisme est la loi inéluctable en vertu de laquelle la destinée de l'homme est la conséquence de ses actes. On peut, à la rigueur, soutenir avec une égale raison que le Bouddhisme est athée ou monothéiste. En effet, le Bouddhisme ignore le Dieu vivant, le Dieu conscient et personnel. Dieu, c'est la loi, la loi souveraine, suprême, immuable, inflexible, qui régit l'univers et les destinées en s'ignorant lui-même.

Dédaigneux du rituel et des subtilités métaphysiques chères aux Brahmanes, le Bouddhisme se préoccupe uniquement de la vie intérieure et de la perfection morale. D'après cette doctrine, ce qui importe, c'est d'arriver à la sainteté et à la paix.

\*
\*\*

Pour le Bouddhiste, dans le cours de nos existences successives, nous brodons chaque jour de nouveaux dessins sur la trame indéfinie de notre passé.

\*\*

Chez les Bouddhistes, la façon la plus courante de se débarrasser des cadavres était de livrer les corps aux bêtes ou de les jeter à la rivière, s'il y en avait une aux environs. Leur dédain pour notre dépouille était absolue.

Bismarck pensait comme eux quand, après l'affaire de Montretout, il répondit à Jules Favre qui lui demandait deux jours pour enterrer les cadavres : « Les morts sont aussi bien sur la terre que dessous. »

Sans doute — ce n'est plus pour les morts qu'on enterre les cadavres, c'est bien pour les vivants.

\*\*

Il est indiscutable que les prophètes ont voulu donner à leur Dieu une origine universaliste ; mais on se dépouille difficilement de ses conceptions originelles. Ces âmes d'élite rêvèrent en vain de faire de Jahvé le Dieu de l'humanité. La monolâtrie hébraïque protesta. Dans la pensée commune, le peuple hébreu a contracté une bérith exclusive entre lui et Jahvé. Jahvé est le Dieu d'Israël et à l'exclusion de tous les autres dieux, comme Israël est le peuple de Jahvé à l'exclusion de tous les autres peuples, voilà le fait.

Israël ne s'est jamais soucié de partager avec les autres peuples *son Dieu jaloux.*

L'alliance entre Israël et Jahvé changea plusieurs fois de forme selon les idées dominantes, mais elle resta toujours identique en substance. A telle époque, on y verra une alliance entre Abraham et sa race, à qui Jahvé impose la circoncision comme signe de dépendance. Comme un grand propriétaire marque son troupeau au fer rouge, Jahvé marque le sien d'une empreinte indélébile. Plus tard, on verra dans l'Arche (un fétiche manifestement) le symbole de l'alliance entre Jahvé et son peuple. Pour d'autres, la bérith a été conclue au Sinaï. Jahvé protégera son peuple qui, en retour, exécutera les commandements de Jahvé. Ici le contrat est bilatéral : donnant, donnant. Les prophètes ont à peu près échoué dans leurs tentatives d'universaliser Jahvé. Jahvé est toujours resté le Dieu spécial d'Israël, chargé de défendre Israël contre les autres peuples et leurs dieux.

Il était réservé à Jésus de donner un Dieu universel à l'humanité.

\*\*\*

En terminant l'Instruction religieuse de jeunes filles, le pasteur Coquerel s'exprima ainsi : « Mes enfants, j'espère vous avoir préparées à la pratique de la vie; *j'espère vous avoir mises à même de vous conduire vous-mêmes.* Si vous avez besoin de mes conseils, je serai toujours à votre disposition de grand cœur, mais mon plus cher désir est de vous être désormais inutile. »

Ces quelques paroles montrent, mieux que de compendieux traités, l'abîme qui sépare le Protestantisme du Catholicisme. Le Catholicisme se propose de gouverner les hommes pour leur plus grand bien, le Protestantisme aspire à mettre l'homme à même de se gouverner lui-même.

Ces deux formes religieuses répondent aux besoins de deux tempéraments opposés : des hommes, des masses, des peuples prétendent se gouverner eux-mêmes; d'autres hommes, d'autres peuples, d'autres masses préfèrent être gouvernés. Les uns ont besoin de tutelle, les autres se jugent dignes de l'autarchie.

\*\*

Robespierre paraît avoir été mû par cette pensée qu'on ne se débarrassait d'une religion qu'en la remplaçant par une autre. Mais la Révolution française semble avoir prouvé que le temps des révolutions religieuses est passé pour la France et que, dans cette sphère, l'évolution succède définitivement pour nous à la révolution.

# V

A Rome, Jupiter, Junon, Minerve constituent une véritable Trinité ; — à Carthage, c'est Baal, Tanit et leur émanation Echmoun ; — dans l'Inde, c'est la Trimourti : Brahma, Vichnou, Siva.

Savoir, vouloir, pouvoir, c'est la triple forme de l'être un et indivisible.

De la simple lecture des Évangiles, il ressort clairement que les synoptiques se sont efforcés de retracer la vie réelle de Jésus, telle qu'ils pouvaient la connaître par une tradition légendaire, tandis que saint Jean nous offre une spéculation sur le Christ.

Le *logos* incarné du quatrième évangile diffère tellement du Jésus des synoptiques, qu'il est moralement impossible de l'attribuer à l'un de ces pêcheurs de Galilée qui furent les compagnons de Jésus.

\*\*\*

Il y a une contradiction manifeste entre ces deux assertions : l'une que Jésus est de la race de David, et cette autre qu'il doit naître d'une vierge. S'il est né d'une vierge, que peut nous faire sa généalogie par Joseph ?

Évidemment on a raisonné ainsi : le Messie doit être de la race de David ; or Jésus est le Messie, donc Jésus est né de la race de David, de là les généalogies. Les premières prédications furent faites à des Juifs par des Juifs. Pour tout Juif, le Messie devait être de la race de David, il devait sortir de ses reins. Pour les Juifs, à qui fut d'abord prêché l'Évangile, pas d'origine davidique, pas de messianité.

Pour son extension même, et en vertu de ses propres principes, l'Évangile devait perdre de plus en plus sa couleur hébraïque. Le dogme se développant sans cesse par l'adjonction d'idées le plus souvent étrangères au pays d'origine — la tendance à glorifier le messager de Dieu croissant de jour en jour — le mode de génération vulgaire devint indigne d'une personnalité si haute ; on la fit donc naître par miracle d'un sein immaculé.

Les données primitives et les vues nouvelles furent enregistrées les unes près des autres, sans que les chroniqueurs se donnassent la peine de les accorder.

Nous devons remarquer aussi que deux seulement des évangélistes parlent de cette naissance miraculeuse. Jamais, d'ailleurs, en dehors des chapitres du début, ils n'y font ensuite la moindre allusion.

Dans tout le corps des quatre Évangiles, Jésus passe pour le fils de Joseph et le descendant de David. Pas une fois il ne laisse entendre qu'il n'a pas été engendré par le charpentier. Cela est bien étrange.

Il est permis de s'étonner que Matthieu et Luc soient les seuls à nous parler de la génération surnaturelle de Jésus. Le silence de Jean est vraiment extraordinaire. Suivant l'opinion reçue, Jean recueillit Marie après la mort du Seigneur ; d'après son propre dire, Jésus en croix l'avait chargé de veiller sur elle. Comment Jean, qui insiste si fort sur l'incarnation du Verbe, n'a-t-il pas un mot sur le mode de conception de Jésus qui s'y trouve si intimement lié ?

« Au commencement était le Verbe, et le Verbe était en Dieu, et le *Verbe était Dieu...* Toutes choses ont été faites par lui ; et rien de ce qui a été fait n'a été fait sans lui. »

Or, suivant l'expression de Luc, l'Esprit de Dieu *couvre Marie de son ombre.* Cet esprit est bien le *pneuma* qui, à la création, flottait sur les eaux, c'est-à-dire Dieu agissant sur le monde.

Dans la théologie des Juifs, quand Dieu, isolé dans son éternité, dans son immensité immuable, communiquait avec le monde, agissait sur lui, il devenait l'Esprit.

L'Esprit était la sagesse divine agissante, c'est bien le Verbe de saint Jean.

D'après saint Jean, cet Esprit, cette hypostase de
Dieu, s'est incarné de lui-même en Jésus. D'après
Matthieu et Luc, cet Esprit est simplement le pro-
créateur de Jésus par son union mystique avec la
Vierge.

Jean avait les plus graves motifs pour émettre
son opinion sur la conception miraculeuse avec tout
le poids de son autorité puissante. En effet, Matthieu et Luc présentaient dans les angélophanies
et les diverses circonstances de la conception des
divergences inconciliables, c'était à lui à les accorder.

Par le développement du dogme, des conceptions étrangères se superposèrent à l'idée évangélique. Le promoteur du Royaume de Dieu se
transforma en victime de rédemption. On en vint
alors à penser que Jésus, à titre de victime ex-
piatoire, devait être sans tache et se fût trouvé im-
propre au rachat, s'il avait été flétri de la souillure
originelle.

Ajoutons la manie de trouver des prophéties dans
l'Ancien Testament. Ainsi s'empressa-t-on d'appli-
quer ce verset d'Isaïe qui ne se rapporte en rien au
Christ : « C'est pourquoi le Seigneur nous donnera
un prodige : une vierge concevra et enfantera un
fils qui sera nommé Emmanuel. »

Les disciples, profondément convaincus de la
messianité de Jésus et tenant toujours à la main les

livres sacrés, découvrirent en toute conscience, à toutes les pages, des allusions imaginaires à la vie de leur Maître, pour confirmer leur foi.

Pour que Jésus ne fût pas frappé de la souillure originelle, il ne suffisait pas que Joseph n'eût pris aucune part à la conception, il fallait qu'il naquît d'une femme spéciale; car il n'y avait aucune raison pour qu'il n'héritât pas de cette souillure originelle aussi bien du côté maternel que du côté paternel.

Jésus, issu d'un corps pécheur, nourri dans un corps pécheur, formé d'une substance maternelle pécheresse, héritait de l'humaine infirmité. Telle est la raison théologique qui conduisit au dogme de l'immaculée conception.

Si Marie avait réellement conçu Jésus sans la participation de Joseph, une conception aussi miraculeuse aurait produit en elle une impression ineffaçable. Or, s'il ressort un fait évident de la lecture des Évangiles, c'est que Marie ne comprenait absolument rien au rôle et à la mission de son fils.

Nous connaissons par l'Ancien Testament l'habitude des Juifs de faire naître d'une manière extraordinaire les hommes destinés à jouer un rôle important. On peut le constater depuis l'enfantement miraculeux du fils d'Abraham jusqu'à celui de Jean-Baptiste.

Tous ces grands serviteurs d'Israël viennent au monde quand l'âge des époux leur interdisait l'espoir d'une postérité.

Dieu, ayant opéré médiatement dans la naissance de Jean-Baptiste, simple précurseur, ne pouvait se dispenser d'opérer immédiatement pour le Messie lui-même. Il s'incarna donc par son souffle, ce qui ne porta aucune atteinte à la virginité de Marie.

Il est curieux de suivre avec Strauss l'évolution de l'opinion chrétienne relativement aux relations de Joseph et de Marie :

1° Contemporains de Jésus et rédacteurs des généalogies : Joseph et Marie époux, Jésus né de leur mariage ;

2° Rédacteurs des histoires de l'enfance : Marie et Joseph simplement fiancés. Joseph reste sans participation à la conception de Jésus ;

3° Même après la naissance de Jésus, Joseph ne fait point usage des droits matrimoniaux ;

4° Épiphanie : Joseph est un vieillard décrépit, incapable d'user du mariage. Les enfants qu'on lui attribue sont d'un mariage antérieur. Il prend Marie pour en être l'appui, le gardien ;

5° Protévangile, Chrysostome : non seulement la virginité de Marie ne fut point détruite par des grossesses du fait de Joseph, mais elle ne fut point altérée par la naissance de Jésus ;

6° Saint Jérôme : non seulement Marie, mais

Joseph gardèrent leur virginité et les prétendus frères de Jésus ne sont que ses cousins ;

7° Pie IX fait proclamer par un concile la conception immaculée de Marie.

\*\*\*

Comment les Mages eurent-ils connaissance de la venue au monde de Jésus par une étoile ? Quelle relation peut exister entre l'apparition d'une étoile et la naissance d'un grand personnage ?

La réponse se trouve dans la croyance, enracinée chez les Juifs, aux hautes connaissances des Mages en astrologie.

Ils raisonnèrent ainsi : la naissance de Jésus est un événement considérable ; or, les astrologues savent lire dans le ciel les événements futurs, donc les Mages chaldéens, qui sont de grands astrologues, ont eu connaissance de la nativité.

Cette observation n'enlève rien, d'ailleurs, à la profondeur du beau symbole de ces princes orientaux agenouillés devant le fils d'un simple artisan : c'est bien la figure de cette ère nouvelle ouverte par Jésus et qui, dans la suite des temps, devait mettre les grands de la Terre aux pieds du travail.

Cette étoile joue, d'ailleurs, un rôle étrange dans le massacre des Innocents. Matthieu est le seul évangéliste qui nous en parle. Nous possédons des His-

toires d'Hérode qui sont loin d'être des apologies,
entre autres l'Histoire de Josèphe, aucune ne parle
de cet acte si saillant par son double caractère de
superstition et de férocité.

L'astrologie est une science diabolique et son
rôle est bien, en effet, diabolique en ce cas. La
malencontreuse étoile ne sert qu'à provoquer le
massacre des Innocents. Pas d'étoile, pas de massacre. Cette étoile, cause d'une inutile tuerie d'enfants, ne peut avoir été envoyée par Dieu. Mais
alors, serait-ce le diable qui aurait envoyé les Mages
adorer Jésus?

Le récit du massacre de Bethléem a deux origines
d'ordre très différent. D'abord la tentation d'accomplir des prophéties dont le choix n'est pas toujours
heureux. C'est le cas de la prophétie de Jérémie
aussi judicieusement appliquée ici que beaucoup
d'autres : « Un grand bruit s'est élevé en haut, on
y a entendu des cris mêlés de plaintes et de soupirs
de Rachel qui pleure ses enfants et ne peut se consoler de leur perte. »

Quand la légende ne construit pas des histoires
merveilleuses pour vérifier de prétendues prophéties,
elle invente des prophéties pour justifier certains
faits. Ainsi, on n'a jamais pu retrouver la prophétie
vérifiée par Jésus, au dire de Matthieu : « Il sera
appelé Nazaréen. »

La seconde source se trouve dans la nature même

de la légende qui se plaît à environner de périls
la naissance de ses héros pour en mieux faire res-
sortir le prix. Elle aime à faire sentir que la série des
grands événements qu'elle déroule a été bien près
de s'arrêter à son début. En rendant précaire l'existence de l'enfant, elle met en relief la divine protection qui veilla sur ses jours.

L'étoile qui guida les Mages ne peut avoir été
une étoile ordinaire, puisque ces astres, de temps im-
mémorial, ont la monotone habitude de voyager de
l'est à l'ouest; celle qui conduisit les Mages de Jérusalem à Bethléem dut aller du nord au sud. Une
étoile aussi hétéroclite aurait certainement attiré
l'attention des astronomes païens, qui n'auraient pas
manqué de consigner dans leurs annales ce fait
extraordinaire. Aussi, les Pères de l'Église ont-ils
décidé que c'était une étoile spéciale. La preuve en
est qu'on la posséda précieusement enfermée dans
un coffre où, moyennant finances, on la montrait
aux pèlerins naïfs. Ce n'est pas en vain qu'on se
défiait des reliques des Grecs.

Après leur départ de Jérusalem, où ils ont fait
connaître si intempestivement à Hérode la naissance
du Messie (c'est-à-dire, au point de vue du monarque, de celui qui devait s'emparer de son trône),
ces Mages indiscrets reçoivent, par un songe, l'ordre
de ne point passer par la capitale au retour. Puis-
qu'il entrait dans les vues de Dieu de leur envoyer

un songe, pourquoi ne l'a-t-il pas envoyé plus tôt?
Ces bavards auraient évité Jérusalem, en se rendant
à Bethléem, ou tout au moins se seraient tus sur le
but de leur voyage, ce qui eût évité le massacre de
ces Innocents qui, fort heureusement, n'ont jamais
été égorgés que par la plume de Matthieu.

Dans l'intention de faire assassiner l'enfant Jésus,
le roi Hérode prie les Mages de repasser par Jérusalem, pour lui donner le signalement de sa demeure. Pourquoi, au lieu d'attendre le retour de
ces Orientaux, ne les fait-il pas simplement ac-
compagner par un sbire qui, après avoir constaté
leur adoration, en eût détruit l'objet sans délai ni
chance d'erreur? Pour un scélérat de sa trempe,
en cette occurrence, Hérode agit comme un fier
imbécile.

Hérode fait immoler tous les enfants de Bethléem,
afin d'envelopper sa victime dans un égorgement
général..., et celui qu'il se propose de faire dispa-
raître a précisément quitté le pays.

Un ouvrier, accompagné de sa femme enceinte,
arrive dans un bourg de médiocre importance.
Cette femme accouche misérablement dans une
crèche où une personne charitable lui donne asile.
Voilà sans doute un fait très simple qui peut passer
inaperçu.

Mais, aussitôt la délivrance opérée, les anges vont
dans les alentours rallier les paysans et les condui-

sent saluer le nouveau-né — les milices célestes lui
donnent un concert — trois princes étrangers, venus
de loin, s'agenouillent dans la crèche devant le bébé
pour l'adorer et lui offrir des cadeaux. Voilà qui
n'est point banal.

Que faut-il donc pour attirer sur des gens l'attention publique?

Et cette extraordinaire famille quitte le pays sans
qu'Hérode en ait connaissance ! quelle police avait
donc cet astucieux monarque?

Cet inutile massacre occasionne la fuite en Égypte
dans le but d'accomplir cette prophétie d'Osée :
*ex Ægypto vocavi filium meum.*

Luc ne connaissait évidemment pas cette prophétie, car il ne mentionne pas cette fuite qui l'aurait singulièrement gêné dans le récit de sa présen-
tation au temple. Car, en dépit des tonnes d'encre
versées à ce sujet, on ne peut concilier convenable-
ment les récits de Matthieu et de Luc; ils ne se
complètent pas, ils s'excluent.

*\* \* \**

D'après les rabbins, l'apparition d'une étoile avait
accompagné la naissance d'Abraham. Pouvait-il y
avoir eu une apparition d'étoile à la naissance du
père d'Israël, sans qu'il y en ait une à la naissance
de son sauveur?

Depuis la captivité de Babylone, les Juifs avaient la plus grande confiance dans la science astrologique des Chaldéens.

Comme l'étoile d'Abraham donna lieu à l'étoile de Bethléem, la visite de la reine de Saba suggéra la visite des Mages. Comme la riche visiteuse, les trois Rois apportaient l'or de ces contrées orientales qui, selon les idées du temps, renfermaient des trésors inépuisables.

Puisque le Messie devait résumer en sa personne les rois, les saints, les héros et les prophètes, le peuple devait être porté à accumuler dans sa légende tous les faits merveilleux des légendes antérieures. Ainsi, le massacre des Innocents reproduit l'édit sanguinaire des Pharaons prescrivant la mise à mort de tous les premiers-nés d'Israël, exécution à laquelle Moïse, comme Jésus, échappa par la protection divine.

C'était une idée très répandue dans l'antiquité que les hommes considérables ne naissaient point comme le vulgaire. Les miracles dont fut accompagnée la naissance de Platon avaient cours en pleine ville d'Athènes, peu après sa mort, du vivant de ses proches.

La formation des légendes n'exige pas une longue élaboration. Du vivant d'Alexandre et de César, les plus étranges récits couraient sur ces grands hommes. Tacite nous rapporte très gravement des mi-

racles contemporains d'un merveilleux grotesque.
Au moyen âge, la plupart des hommes marquants
avaient couramment des relations angéliques ou in-
fernales.

Toutes les légendes sont contemporaines des héros ou suivent leur mort de très près.

Faire remonter la rédaction des évangiles aux
cinquante années qui suivirent la mort de Jésus ne
prouverait absolument rien en faveur de l'authenti-
cité des faits contenus dans ces récits.

Le plus souvent, la légende s'empare de faits miraculeux antérieurs et les accommode aux nécessités
du nouveau récit. D'autres fois, elle transforme des
faits réels devenus ainsi méconnaissables. Souvent
encore, elle relie en un système plusieurs histoires,
et, lorsque le lien logique qui les unissait a disparu,
il devient très difficile de le rétablir.

\*
\* \*

Le héros de la Passion est assurément digne d'un
culte, mais je ne puis l'honorer autant s'il sait qu'il
va ressusciter dans trois jours.

\*
\* \*

Le Christ est l'idéal humain, Jésus a fourni les
éléments de cet idéal, voilà le fait.

Est-ce à dire que, si nous voyions le vrai Jésus circuler en personne dans nos rues, il ne nous paraîtrait pas bien étrange ?

Très sûrement, il n'irait pas loin sans être ramassé par la police, et passerait en correctionnelle.

On prendrait fort mal le chambardement des boutiques, le renversement des tables des changeurs et ses procédés, vraiment par trop vifs, à l'égard des paisibles marchands installés le long des murs de l'église avec la permission du maire et du curé.

Nous ne le comprendrions pas, parce qu'en dépit de tout, il fut bien un Juif de son temps. Novateur autant qu'on peut l'être, il n'en partagea pas moins une bonne partie des préjugés de son milieu, condition nécessaire, d'ailleurs, pour agir sur les hommes.

Jésus a passé sa vie dans trois ou quatre bourgades de l'obscure Galilée. Si nous pouvions le voir agir et vivre comme il a vécu, il ne nous produirait pas l'impression de l'idéal humain.

Il est donc fort heureux que nous ne puissions reconstruire historiquement le vrai Jésus, et que nous n'ayons, pour nous représenter le Christ, qu'une vague légende très belle.

Quoi qu'il en soit, ce fait positif demeure : Jésus a fourni à l'humanité la matière première de son idéal ; — cette matière première, éminemment plas-

tique, l'humanité l'a pétrie et la pétrira indéfiniment
selon ses besoins.

*
* *

Je ne suis ni protestant ni catholique, mais je
voudrais bien pouvoir me dire chrétien.

# VI

Ceux qui résolvent aisément le problème de Jésus sont bien heureux. Quant à moi, cette personnalité me trouble, et sur elle se concentrent à mes yeux toutes les énigmes qui fatiguent le cerveau humain.

\*
\* \*

J'ai cherché — vainement, d'ailleurs — le problème de Jésus toute ma vie.

Je ne puis voir en Jésus un être comme moi.

On me demandera peut-être : Vous sentez-vous donc un homme comme Napoléon ou Mahomet ?

Je répondrai : Certes ! — Napoléon, malgré tout son génie, ne valait pas cher, et j'estime que la plupart des hommes, moi compris, le valent.

Gagner la bataille d'Austerlitz ou réunir autour de soi, comme le prophète, une bande de fanatiques moitié dévots, moitié brigands, sont choses d'ordre bien humain ; je ne vois rien d'absolument impossible pour moi ou tout autre à les accomplir.

Mais ce qui me semble impossible, absolument impossible, c'est d'être la Pureté absolue.

Ce qui me semble impossible, à moi ou à tout autre être humain, c'est d'oser dire : « Qui de vous me convaincra de péché ? »

Je me sens bien *de la même espèce* que Napoléon ou les Saints du calendrier. Assurément, je n'ai pas la prétention de valoir la plupart de ces derniers, bien qu'ils comptent dans leurs rangs pas mal de déséquilibrés. Parmi ces Saints, il est des âmes singulièrement hautes, mais je sens que, si j'en avais eu la ferme volonté, rien ne m'empêchait de les approcher, sinon de les atteindre, tandis qu'un fou seul oserait se comparer à Jésus.

Jésus est au-dessus de l'humanité.

Sans doute, le penseur distingue nettement Jésus du Christ.

Le premier, réel, est mal connu (du moins, si son caractère est suffisamment connu, ses actes le sont mal) ; — le second, produit d'une légende, est la plus sublime création de l'âme humaine.

Mais sans Jésus il n'y aurait pas eu de Christ, il faut toujours en venir là.

*\*\**

Que la puissance des symboles est grande !

L'humanité a-t-elle jamais marché, peut-elle marcher sans symboles ? Est-il désirable de nous en passer, étant donnée notre nature ?

Et tout d'abord : l'art est-il possible sans symboles ? Le symbole n'est-il pas l'âme même du grand
art ? Or, l'art (à qui il est funeste, il est vrai, d'atta-
cher une importance exagérée) ne tient-il pas, ne
doit-il pas tenir une place importante dans les préoc-
cupations de l'humanité ?

Sans doute, tout ce qu'il y a de bon dans le monde
moderne a sa source dans ces deux symboles : la
gracieuse légende de la naissance du Sauveur dans
une étable et la grande image du crucifix.

A ces deux symboles, nous devons la régénéra-
tion de l'humanité par l'apothéose de la douceur et
du sacrifice de soi aux autres dans cette société antique assoiffée de volupté, toute pétrie de cruauté
raffinée, de mépris pour le faible, basée tout entière
sur la fatalité de la naissance.

*
* *

La justice ne suffit pas à conduire le monde. Il faut,
avec la mutualité qui prévoit, la charité qui console.

La justice est le domaine du gouvernement.

La mutualité est le domaine de l'autarchie.

Jésus est le roi du royaume de la Bonté.

*
* *

Dites à un ignorant : « Vos yeux vous trompent,
ce n'est pas le Soleil qui tourne autour de la Terre,

c'est la Terre qui tourne autour du Soleil, n'en croyez pas vos yeux. » Il vous répondra tout simplement : « Si je n'en crois pas mes yeux, pourquoi voulez-vous que je vous croie. Je ne puis me rendre compte du mouvement des astres que par la vue ; si vous commencez par poser en principe que mon instrument d'investigation est mauvais, sur quoi voulez-vous que j'édifie ma croyance ? »

En matière religieuse, il en est de même. Une négation railleuse n'influence pas la conscience populaire. Cette conscience vous dit : « Comment pouvez-vous faire appel à ma raison, quand vous posez en principe que depuis dix-huit cents ans je déraisonne ? »

Il faut d'abord montrer que l'humanité a eu ses raisons de croire à l'antique symbolisme chrétien, comme elle a eu ses raisons de croire à l'astronomie de Ptolémée, mais qu'aujourd'hui la vieille conception chrétienne ne lui convient pas plus que la vieille théorie astronomique.

Admettons, au contraire, l'infaillibilité du sens de la vue ; — partant de cette hypothèse, commençons des observations qui serviront de base à nos calculs, puis à nos déductions. Montrons ensuite comment, dans les deux hypothèses de la révolution du Soleil autour de la Terre ou de la Terre autour du Soleil, les apparences sont les mêmes. Ce dernier fait établi, nous pourrons arriver à convaincre notre

auditeur de la circulation de la Terre autour du Soleil comme pivot orbitaire, en lui exposant les raisons qui militent en faveur de cette hypothèse.

Il en est de même d'une croyance enracinée, tous
les arguments seront de nul effet si, de prime abord,
vous dénoncez cette croyance comme contraire au
sens commun — ce qui est dire à l'auditeur qu'il
en est dépourvu. Pour convaincre, on doit expliquer les raisons que l'on a eues de croire, montrer
qu'elles ont dû paraître excellentes et que l'on a été
dupe d'illusions inévitables.

Il est indispensable de ne pas se mettre en contradiction avec ce principe : « Tout ce qui a existé
a eu sa raison d'être. » — Mais tout ce qui a existé
doit se transformer.

*
* *

Dans une partie de la Suisse italienne, nous dit
le comte de Renesse, toute une population, compo-
sée de plusieurs grands villages, vit depuis longues
années sans clergé et n'en veut pas avoir. Le dimanche, l'un des habitants, choisi parmi les plus respectables, réunit les habitants dans un petit temple
très modeste et y lit un passage de l'Évangile. Ces
gens-là ne sont ni protestants ni catholiques, ils sont
tout simplement chrétiens. Ce sont des disciples de
Jésus qui n'ont besoin de personne pour comprendre

les préceptes de fraternité dont il a donné l'exemple, et qu'il a répandus dans ses exhortations et ses paraboles.

\*\*\*

Jusqu'à la proclamation de Césarée, Jésus ne s'affirme point comme Messie.

Les Évangiles nous peignent amplement ses hésitations au sujet de son rôle. Comment devait-il procéder? Il subit certainement la tentation d'une royauté temporelle, et tel est bien le sens de la tentation au désert. Évidemment, son incertitude fut de courte durée, l'emploi des moyens vulgaires ne cadrait pas avec un idéal que la force et la violence ne pouvaient réaliser.

\*\*\*

Dans les antiques religions, toujours à la fois plus ou moins animistes et naturistes, tantôt le naturisme domine, tantôt l'animisme. Les hommes ont d'abord vu des dieux, c'est-à-dire des puissances, soit dans les âmes des morts, soit dans les manifestations de la nature, depuis les rochers jusqu'aux animaux, et depuis les animaux jusqu'aux astres.

Les Grecs, en donnant aux dieux la forme humaine, ont inconsciemment affirmé que la manifestation par excellence de la souveraine puissance était l'homme.

Sans doute, il serait fort triste de penser que
l'homme est le chef-d'œuvre de Dieu, mais il est du
moins la plus élevée des œuvres divines que nous
puissions connaître.

*
* *

Ah! le point de vue, quelle est son importance
dans les affaires humaines ! Suivant le point de vue,
vous voyez le même objet blanc ou noir.

Combien de gens, avant de porter un jugement,
se croient obligés de faire le tour des choses ?

Quoi de plus enfantin que ce conte du petit Jésus
né, entre un âne et un bœuf, dans une étable où
viennent le saluer les bergers et les anges, et l'a-
dorer trois rois venus de l'Orient? C'est là assurément une histoire de nourrice, bonne à amuser les
bébés.

Mais, si ce conte est enfantin aux yeux du philo-
sophe, n'est-il pas délicieux pour un esthète? Aussi,
le sujet a-t-il tenté les plus grands peintres. Que
d'institutions fécondes en sont issues ! N'est-ce point
la source où s'abreuva l'âme si humaine de saint
Vincent de Paul?

Quels livres de savants ont eu sur l'humanité l'action de cette simple histoire éclose en des cerveaux
naïfs?

*
* *

A quoi tiennent les masses en matière religieuse ? Aux pratiques. Elles se soucient peu du dogme : ont-elles si grand tort ?...

Le Christianisme a inventé une foule de pratiques charmantes répondant aux besoins de l'imagination et du cœur, soit dans la société, soit dans la famille. Est-il rien de plus ravissant que la Noël ? La plupart des dogmes, au contraire, nous sont devenus insupportables — notamment le dogme de la chute (sauf interprétation hérétique) : voyez-vous un grand monarque faisant crucifier son fils parce qu'un méchant serviteur lui a volé une pomme !

\*
\* \*

A l'avènement du Christianisme, l'humanité demandait un Dieu moins compromis que les Divinités de l'Olympe, plus près de l'homme et plus aimable que Jahvé, moins nébuleux que les entités platoniciennes.

\*
\* \*

Le grand apôtre Paul, lui-même, fait descendre Jésus de Dieu, selon l'esprit de sainteté, mais, selon la chair, de David et des patriarches.

\*
\* \*

Après son amour pour le Père Céleste et pour l'humanité, l'aversion pour les pratiques est le caractère dominant de l'anticlérical Jésus.

\*\*

Jésus fut le premier martyr laïque.

\*\*

Dieu ne communique avec les hommes que par le moyen des hommes.

\*\*

Saint Justin dit que, même avant la naissance de Jésus-Christ, il y a eu des Chrétiens, parce que Jésus-Christ est le Verbe de Dieu et sa Raison souveraine, dont tout le genre humain participe, et que ceux qui ont vécu selon la raison sont Chrétiens — il range Socrate parmi les Chrétiens.

A la bonne heure !... Saint Justin est un vrai Chrétien.

\*\*

Nous vivons en Dieu, dit l'apôtre ; oui, mais Dieu vit aussi en nous. Dans les limites de notre connaissance possible, nous sommes bien la plus haute manifestation de Dieu ; notre constitution terrestre nous enferme dans ces limites.

Il y a des mondes peuplés de créatures supérieures, ces créatures supérieures comprennent Dieu autrement que nous, sans doute ; mais, comme nous, elles voient en Dieu une reproduction idéalisée d'elles-mêmes.

Les humanités des mondes divers se contemplent dans un miroir qui ne réfléchit que leur beauté agrandie ; ce miroir est leur Dieu.

Nous, habitants du petit globe terrestre, nous ne connaissons rien au-dessus de l'homme.

La Nature et l'homme, c'est tout ce qu'il nous est permis de connaître de l'absolu.

\*
\* \*

*Pour moi*, ma mère est une incarnation de Dieu.

Que les mères y songent : elles doivent vivre de telle sorte qu'elles deviennent pour leurs enfants la plus naturelle incarnation de Dieu et l'objet principal du culte individuel.

\*
\* \*

Il est heureux que nous ne connaissions pas historiquement Jésus, cela nous permet de construire en tous temps un Christ idéal conforme à nos besoins intellectuels et moraux, éminemment variables, comme un or pur peut être coulé dans des moules divers selon les besoins changeants de l'art.

La légende a peut-être passé sous silence des imperfections du personnage, mais il a fallu que Jésus fût bien près de la perfection absolue pour inspirer cette légende qui, voilà le fait brutal, a renouvelé le monde.

\*\*\*

Dans les synoptiques, Jésus, monothéiste rigoureux, voit en Dieu le Père Céleste qui ouvre ses bras à ceux qui l'implorent.

\*\*\*

Pourquoi ne nous agenouillerions-nous pas devant ces deux grandes figures qui dominent tout le Christianisme : Jésus, la pureté suprême — Madeleine, le repentir?

\*\*\*

Nous devons considérer l'Évangile comme une très précieuse matière plastique que nous avons à façonner indéfiniment.

\*\*\*

Le péché originel, c'est notre nature animale et Jésus est bien le Sauveur. — Il nous a rachetés du péché originel en nous donnant l'exemple de la délivrance par sa victoire du principe humain qui est en nous sur notre animalité.

\*\*\*

Quand un homme, quel qu'il soit, fait faire à l'humanité un progrès intellectuel ou moral, on ne dit que la vérité en le disant inspiré de Dieu.

La plus haute manifestation de Dieu est l'homme qui se dévoue.

\*
\* \*

Qui hait n'est pas chrétien.

\*
\* \*

Qu'est, en somme, le Christianisme? Le pardon, la pitié, la passion du bien, l'amour de l'humanité poussé jusqu'au sacrifice.

\*
\* \*

Le Père est la puissance, le Saint-Esprit l'intelligence, l'Homme-Dieu est la Bonté *agissante*. — Pour nous, habitants de la Terre, l'activité, produit de l'intelligence et de la puissance, a sa forme suprême dans l'homme.

\*
\* \*

L'homme est avant tout un être souffrant. La religion de la souffrance peut seule le soutenir et le consoler. Créature enfantée dans la douleur, vivant dans les angoisses, il trouve une harmonie parfaite

\*

entre les besoins et les élans de sa nature et l'adoration du supplicié mort en croix.

*
* *

Depuis l'humble naissance dans l'étable, où l'Enfant-Dieu poussa ses premiers vagissements, jusqu'à la poignante tragédie du Calvaire, tout, dans la divine légende, est en harmonie avec le cœur de l'homme.

*
* *

Nous sommes des hommes, nous ne pouvons nous entendre qu'avec des hommes, la sagesse divine est nécessairement pour nous une sagesse humaine.

*
* *

Suivant la 46e Triade des *Mystères des Bardes* :

« Trois nécessités de Dieu : être infini en lui-même, être fini par rapport au fini, être en accord avec chaque état des existences dans le cercle de gwynfyd. »

Rien de plus évident : l'infini doit revêtir une forme finie pour communiquer avec le fini, il doit parler notre langue et penser comme nous. Il était nécessaire que Jésus, en dehors de sa mission spéciale, partageât l'ignorance et les erreurs de son pays et de son temps.

*
* *

Une des premières pensées de l'homme est d'offrir à ses dieux des victimes humaines — nous sacrifions volontiers autrui pour détourner de nous les maux qu'aiment à répandre sur les humains les souveraines malfaisances.

Le sens de la tragédie du Calvaire est que le seul sacrifice accepté par Dieu est le sacrifice de soi à autrui.

*
* *

Dans le royaume de Jésus, il n'y a pas de bourreau, il n'y a pas même de juge.

On n'y a pas même le droit de juger platoniquement son voisin : « Ne jugez pas, si vous ne voulez pas être jugé. »

Le royaume de Dieu ne connaît ni jugement ni peine matérielle, parce qu'il est exclusivement moral.

Voilà pourquoi toute compromission entre le spirituel et le temporel est tout ce qu'il y a de plus antichrétien.

*
* *

L'idée d'un médiateur n'a rien d'illogique.

Sa fonction doit être toute morale, aussi Jésus ne nous a-t-il pas laissé de code ; comme la législation de Moïse, il fût devenu impraticable. La loi et le culte doivent être des formes toujours variables des

temps, et de la volonté et du génie des nations.
Jésus ne nous a rivés à aucun dogme, à aucun culte,
à aucune institution spéciale, aussi sa doctrine con-
vient-elle à tous les temps et à tous les lieux.

Mais Jésus a-t-il une doctrine dans le sens étroit
du mot? Non.

Il n'a pas voulu être l'homme de la raison ni de
la loi, il a été l'homme du sentiment et du cœur.

Son enseignement a été sa vie — il a aimé.

Il a été aimé comme personne ne l'a été et ne le
sera sur cette terre — parce qu'il a aimé les hommes comme jamais personne ne les a aimés, ne les
aimera.

*
* *

Pouvons-nous contempler et adorer Dieu autrement que sous les formes de la nature et de l'humanité? Est-il pour nous possible de nous élever
vers l'Être des êtres autrement que par cette contemplation et cette adoration?

*
* *

Le sauvage et le chrétien ont à coup sûr une conception bien différente de la nature divine, mais
ce qu'y voient également l'un et l'autre, c'est une
source de secours dans les difficultés de la vie; — le
premier demande des secours dans sa lutte contre

la nature extérieure, le second dans sa lutte contre sa propre bestialité.

A vrai dire, en cette matière, combien de chrétiens sont restés fétichistes !

\*\*

Je n'ai jamais lu plus passionnément l'Évangile qu'à l'époque où j'étais enragé d'athéisme ; ma première excursion au pays d'utopie fut le rêve d'un athéisme chrétien.

Ce n'est pas aussi extravagant qu'il semble au premier abord.

Le Bouddhisme, en somme, est athée, puisque la loi du Karma gouverne souverainement le monde et qu'au-dessus de la loi il n'est rien. Cependant, le Bouddhisme asseoit sur ses autels Siddarta Gautama.

\*\*

Jésus a fait un miracle indiscutable et qui peut compter : il a réformé le monde.

\*\*

Jésus a fourni à l'humanité la matière du Christ, idéale incarnation de tout ce qu'il y a de bon dans l'humanité. *Quoiqu'il n'ait jamais demandé aucun culte pour lui-même,* ni prescrit d'autre adoration que celle du Père, est-ce pousser trop loin la reconnaissance que de lui dresser des autels?

\*\*\*

Jésus, au point culminant de la vie spirituelle, nous donne l'exemple de l'union la plus parfaite et la plus intime de l'humain et du divin.

Nul ne pourra sans doute s'élever à cette union parfaite de l'homme avec Dieu à laquelle s'éleva Jésus, quand il se sentit le Fils du Père. Quelque développement que puisse jamais prendre le sentiment religieux chez un individu quelconque, Jésus n'en aura pas moins défini, comme but suprême de la vie, l'unité du divin et de l'humain.

\*\*\*

Jésus est à la fois Hercule s'élevant au rang des dieux et Vishnou s'incarnant dans l'homme pour le salut du monde.

\*\*\*

Qu'y a-t-il de plus consolant et de plus moralisant : de Dieu se faisant homme pour nous porter secours ou de l'homme s'élevant de lui-même à la divinité?

\*\*\*

Parti des superstitions les plus grossières, l'homme arrive à cette conception que le divin, pour nous, est l'idéal humain, et que l'amour de Dieu, c'est l'amour de l'humanité.

\*\*

Pour quiconque a médité sans parti pris les Évangiles, Jésus a voulu fonder un royaume purement moral — il abandonne les lois, le gouvernement des choses et des intérêts à l'autorité civile. Il dédaigne le *monde*, se refuse à tout contact avec lui; ce qu'il demande, c'est de régner sur les âmes.

Nous ne savons en aucune façon comment l'infini communique avec le fini — comment Dieu communique avec l'homme; — à mon sens, nous n'avons nullement le droit d'affirmer que, pour établir cette communication, l'infini n'a pas pris l'homme Jésus pour intermédiaire.

\*\*

Quoi qu'on fasse et quoi qu'on dise, Jésus personnifie l'humanité; comme personnification de l'humanité, Jésus est bien l'Homme-Dieu.

\*\*

Aimer Dieu dans l'humanité, tel est bien le sens de la doctrine évangélique. Le souffle puissant de l'amour de Dieu anime toutes les pages du livre sacré, de là son charme éternel. L'amour du prochain transformant en Éden cette terre de douleurs, telle était bien la bonne nouvelle que Jésus entendait apporter.

**
*

Pour comprendre la religion chrétienne, il est, avant tout, nécessaire de distinguer Jésus du Christ : le premier, né d'une femme ; le second, produit sublime du cœur de l'humanité.

**
*

Pour nous, hommes, la plus haute incarnation de Dieu, c'est Jésus.

# CONCLUSION

---

Pendant longtemps, en disciple convaincu, j'ai suivi Auguste Comte, *le Fondateur de la Religion de l'Humanité,* selon le titre qu'il se décerna lui-même. Mais, bien que telle ne fût pas la pensée du maître, je n'en ai pas moins toujours considéré le crucifix comme l'emblème logique de la religion qu'il aspirait à établir.

La croix est le signe de ralliement naturel de tous les adeptes de cette foi qui considère toutes les religions positives comme des variétés de l'universelle Religion de l'Humanité (à la condition d'être animées de l'amour de l'homme, quelles que soient ses croyances, sa nationalité et sa race) — ces variétés pouvant prendre, d'ailleurs, les formes les plus diverses pour s'adapter au mieux des besoins intellectuels et moraux des divers groupes humains.

Nancy, Impr. Berger-Levrault et Cie.

# LIBRAIRIE MILITAIRE BERGER-LEVRAULT ET Cie

## PARIS, 5, rue des Beaux-Arts. — 18, rue des Glacis, NANCY.

## ARDOUIN-DUMAZET

# VOYAGE EN FRANCE

### COURONNÉ PAR L'ACADÉMIE FRANÇAISE

#### LA SOCIÉTÉ DES GENS DE LETTRES ET LA SOCIÉTÉ DE GÉOGRAPHIE DE PARIS

## VOLUMES PARUS

*1re série :* **Le Morvan, le Val de Loire et le Perche.** 2e édition. — Avec 19 cartes.

*2e série :* **Des Alpes mancelles à la Loire maritime.**

*3e série :* **Les Iles de l'Atlantique : I. D'Arcachon à Belle-Isle.** — Avec 19 cartes.

*4e série :* **Les Iles de l'Atlantique : II. D'Hoëdic à Ouessant.** — Avec 25 cartes.

*5e série :* **Les Iles françaises de la Manche et Bretagne péninsulaire.** — Avec 26 cartes.

*6e série :* **Cotentin, Basse-Normandie, Pays d'Auge, Haute-Normandie, Pays de Caux.** — Avec 29 cartes ou croquis.

*7e série :* **La Région lyonnaise : Lyon, Monts du Lyonnais et du Forez.** — Avec 19 cartes.

*8e série :* **Le Rhône du Léman à la mer : Dombes, Valromey, Bugey, Bas-Dauphiné, Savoie rhodanienne, La Camargue.** — Avec 22 cartes ou croquis.

*9e série :* **Bas-Dauphiné : Viennois, Graisivaudan, Oisans, Diois et Valentinois.** — Avec 23 cartes ou croquis.

*10e série :* **Les Alpes du Léman à la Durance. Nos Chasseurs alpins.** — Avec 25 cartes.

*11e série :* **Forez, Vivarais, Tricastin et Comtat-Venaissin.** — Avec 25 cartes.

*12e série :* **Les Alpes de Provence et les Alpes maritimes.** — Avec 80 cartes et une grande carte des Alpes, hors texte.

*13e série :* **La Provence maritime.** — Avec 28 cartes.

*14e série :* **La Corse.** — Avec 27 cartes, 7 vues et 1 planche hors texte.

*15e série :* **Les Charentes et la Plaine poitevine.** — Avec 26 cartes.

*16e série :* **De Vendée en Beauce : Haut-Poitou, Bocage, Marais, Vendée, Gâtine, Tours, Beauce.** — Avec 29 cartes.

*17e série :* **Littoral du pays de Caux, Vexin, Basse-Picardie.** — Avec 28 cartes.

*18e série :* **Région du Nord : I Flandre et littoral du Nord.** — Avec 80 cartes.

*19e série :* **Région du Nord : II. Artois, Cambrésis et Hainaut.** — Avec 25 cartes.

*20e série :* **Haute-Picardie, Champagne rémoise et Ardennes.** — Avec 22 cartes.

#### Pour paraître en décembre 1899

*21e série :* **De l'Aube à la Moselle : Haute-Champagne, Basse-Lorraine.**

**Chaque volume in-12, d'environ 350 pages, avec cartes, br. 3 fr. 50 c.**

**Élégamment cartonné en toile souple, tête rouge . . . 4 fr.**

*Envoi sur demande du prospectus détaillé (brochure de 12 pages) des volumes parus ou à paraître.*

# LIBRAIRIE MILITAIRE BERGER-LEVRAULT ET Cie

PARIS, 5, rue des Beaux-Arts. — 18, rue des Glacis, NANCY.

## OUVRAGES DE M. LE CONTRE-AMIRAL RÉVEILLÈRE

# AUTARCHIE

*Collection de volumes in-12*

## SUR LE PONT

Élégant volume in-12, broché . . . . . . . . . . . . 2 fr.

## CHRISTIANISME ET AUTARCHIE

Élégant volume in-12, broché . . . . . . . . . . . . 2 fr.

## PROPOS D'AUTARCHISTE

Élégant volume in-12, broché . . . . . . . . . . . . 2 fr.

## EXTENSION, EXPANSION

Élégant volume in-12, broché . . . . . . . . . . . . 2 fr.

## RECHERCHE D'IDÉAL

Élégant volume in-12, broché . . . . . . . . . . . . 2 fr.

## CROIX ET CROISSANT

Élégant volume in-12, broché . . . . . . . . . . . . 2 fr.

## L'EUROPE-UNIE

Élégant volume in-12, broché . . . . . . . . . . . . 2 fr.

## TUTELLE ET AUTARCHIE

Élégant volume in-12, broché . . . . . . . . . . . . 2 fr.

## UN COUP DE SONDE
### DANS L'OCÉAN DES MYSTÈRES

Élégant volume in-12, broché . . . . . . . . . . . . 2 fr.

## LA CONQUÊTE DE L'OCÉAN

Un volume in-12 de 355 pages, broché. . . . . . . . 3 fr. 50 c.

Nancy, impr. Berger-Levrault et Cie.